唐士其 著

理性主义的政治学
流变、困境与超越（精装插图版）

北京大学出版社
PEKING UNIVERSITY PRESS

图书在版编目（CIP）数据

理性主义的政治学：流变、困境与超越：精装插图版 / 唐士其著. —北京：北京大学出版社，2022.11
ISBN 978-7-301-33480-5

Ⅰ.①理⋯　Ⅱ.①唐⋯　Ⅲ.①理性主义—政治学—研究　Ⅳ.①D0

中国版本图书馆CIP数据核字（2022）第189143号

书　　　名	理性主义的政治学：流变、困境与超越（精装插图版） LIXING ZHUYI DE ZHENGZHIXUE: LIUBIAN、KUNJING YU CHAOYUE（JINGZHUANG CHATU BAN）
著作责任者	唐士其　著
责任编辑	徐少燕
封面设计	一瓢文化·邱特聪
标准书号	ISBN 978-7-301-33480-5
出版发行	北京大学出版社
地　　　址	北京市海淀区成府路205号　100871
网　　　址	http://www.pup.cn
新浪微博	@北京大学出版社　@未名社科–北大图书
微信公众号	ss_book
电子信箱	ss@pup.pku.edu.cn
电　　　话	邮购部 010-62752015　发行部 010-62750672 编辑部 010-62753121
印　刷　者	北京中科印刷有限公司
经 销 者	新华书店
	650毫米×980毫米　16开本　14.25印张　168千字 2022年11月第1版　2022年11月第1次印刷
定　　　价	69.00元（精装插图版）

未经许可，不得以任何方式复制或抄袭本书之部分或全部内容。
版权所有，侵权必究
举报电话：010-62752024　电子信箱：fd@pup.pku.edu.cn
图书如有印装质量问题，请与出版部联系，电话：010-62756370

新版说明

《理性主义的政治学：流变、困境与超越》这本小书，反映了我多年来对中西方政治思想传统的一些思考。当然，书中对很多问题的分析和阐释都还比较简陋，需要有专门的时间进行更深入系统的论述和发挥。

让我欣慰的是，这本小书得到了不少读者的肯定和认可。2021年年初平装版出版后，入选"北京大学出版社2021年度好书"，并获评"2021年度最受政治学人欢迎的专业著作"。此次蒙北京大学出版社垂青，推出精装插图版，更是对作者莫大的激励和鞭策。

精装版在内容上没有进行修改，但需要特别感谢北京大学出版社编辑徐少燕和陈相宜。她们以极其专业的精神，帮助作者勘定和更正了平装版中一些文字和表述上的错漏之处；另外，也统一了书中对中国和西方思想传统两个不同面向的概括，即个体性、可变性和可能性与普遍性、永恒性和确定性。这些工作看似细碎，但我认为大大提高了这本小书的学术品质。

最应该感谢的是北京大学法学院吴志攀教授。吴老师在看过书稿之后，欣然答应为其画插图，让我受宠若惊。吴老师是法学家，他的漫画本身就极富哲理，因而是对书中一些内容的阐释，更是发挥，是美和智慧的统一。它们不仅可以让读者在理性思考中获得轻松愉悦的间隙，更让我们体会到思想与艺术不同的穿透力。

唐士其
2022 年 10 月 8 日于燕园

目 录

绪　论　理性主义与西方思想传统　　　　　　　　001

第一章　古代希腊思想中的理性主义　　　　　　　013
　　一、对事物本质的追求　　　　　　　　　　　013
　　二、逻各斯中心主义：思维的方式与思维中
　　　　的世界　　　　　　　　　　　　　　　　024
　　三、科学知识及其标准　　　　　　　　　　　036
　　四、亚里士多德的政治学　　　　　　　　　　050

第二章　近代西方理性主义及其在政治思想中的体现　059
　　一、近代思想中的确定性问题　　　　　　　　059
　　二、霍布斯的简化与政治科学的建立　　　　　069
　　三、现代政治科学中的人性　　　　　　　　　086
　　四、现代政治科学的基本特征　　　　　　　　097

第三章　现代政治中的理性主义：价值与困境　　　118
　　一、人的自由与失落　　　　　　　　　　　　118
　　二、政治的平等与社会的差异　　　　　　　　136
　　三、理性主义的批判者及其困境　　　　　　　153

第四章　中国的"理"与西方的理性　　165
　　一、"理"与逻各斯　　165
　　二、客观的知识与主观的知识　　177
　　三、本质性与可能性　　187

结束语　对西方理性主义的超越　　207

后　记　　215

绪 论
理性主义与西方思想传统

理性主义可以被认为是西方思想传统最基本的特征。这一特征始于古希腊，甚至在中世纪基督教思想支配一切的情况下也绵延不绝。到近代，随着文艺复兴和启蒙运动的深入，理性主义一路高歌，甚至成为正常思想的标志性特征，"一切都受到了最无情的批判；一切都必须在理性的法庭面前为自己的存在作辩护或者放弃存在的权利"①。"理性化"或者"合理性"被视为社会现代化的一个重要指标，也被认为是现代文明一切成就的根本原因和保证。正如法国思想家福柯所指出的，现代社会以理性规制一切，所有不依从理性原则的人和事，都可能被冠以迷信、蒙昧，甚至"疯癫"之名。

虽然"理性主义"（rationalism）这个名词的起源相对较晚，大约在 18 世纪才开始出现，同时人们对什么是理性主义也众说纷纭，但在西方思想发展的历程中，还是可以梳理出一条从古希腊开始一直延续到现代的、相对来说比较清晰完整的变化和发展轨迹。

汉语中的"理性"对应着现代英语中的两个词，即 reason 和 rationality，它们来自拉丁语中的 *ratio*，最终则可以追溯到古希腊语的 *νοῦς*。在古希腊人看来，它指的是人的心灵，是心灵之眼

---

① 《马克思恩格斯选集》第三卷，北京：人民出版社 2012 年版，第 775 页。

(the mind's eye)。

像巴门尼德、阿那克萨哥拉、柏拉图、亚里士多德等思想家都把 voῦς 视为人发现真理的能力。但是，关于如何发现、培养和使用这种能力，他们的观点却并不相同。比如，柏拉图虽然也强调 voῦς 的作用，但同时又提出了两种让后来的哲学家争论不休的关于真理来源的观点：一种是回忆，另一种是善的理念的照耀。但无论是哪一种方式，voῦς 在其中的作用都不是太清楚。因此，真正影响西方思想传统的，主要不在于古代思想家对 voῦς 本身的强调，而是他们自身的思想方式，或者说他们自己运用 voῦς 的方式。

真正意义上的希腊哲学始于对概念的定义，即寻找一类事物当中使它们一致同时又区别于其他事物的基本要素，用亚里士多德的说法，就是"多"中的"一"，再往后这就被称为一类事物的"本质"。在这个方面，第一位对西方思想产生深远影响的古希腊思想家是柏拉图。熟悉柏拉图思想的人都清楚，他笔下的苏格拉底最大的兴趣，就是提出"什么是什么"（the what is…）的问题，即追问各种概念的定义。柏拉图把事物的根本称为"理念"①（εἶδος 或者 ιδέα），理念之于事物，如同人的灵魂之于肉体。柏拉图曾经运用一个非常简单却不乏说服力的例子表明他对理念的理解：画家画一张桌子需要以实际存在的桌子为原型，而木工制作桌子则要以存在于他头脑中的桌子的形象即理念为原型。由此可见，画中的桌子是对生活中的桌子的模仿，而生活中的桌子

---

① 中文也译为"相"，早期的英文翻译主要为 idea，但近来有一种明显的趋势，即用 form 来替代，可能汉语中的"范型"相对来说能更好地表达原意。为了方便读者，本书从旧译"理念"，不过实际上这个概念指的既非"理"，亦非"念"。

绪　论　理性主义与西方思想传统

又是对桌子的理念的模仿，后者才具有最高的完美性和真实性。① 如同肉体之于灵魂的关系，人们通过肉体的感官所觉知的各种外部事物，只不过是对理念的模仿；只有通过属于灵魂的能力的 νοῦς 即思想的能力，人们才能抓住"理念"，即事物的根本。哲学的任务，就是去发现万事万物的理念。

理念是柏拉图哲学中最重要的概念。如果像怀特海所说，柏拉图以后的整个西方哲学都是对柏拉图思想的一系列脚注②的话，那么也可以认为，后世的西方哲学就是以不同方式对柏拉图关于理念的理论的讨论与扩展。简而言之，理念是决定了一物之所以为一物——比如人之为人、哲学之为哲学——的根本要素。某种动物具备了人的理念就成为人，某种学问具备了哲学的理念就成为哲学；反之，如果有朝一日它们失去了各自理念的关照，就不再为人、不再为哲学。因此，在柏拉图看来，理念是世界上各种具体事物的"范型"，是每一类事物的最纯粹的体现。反过来说，世间各种具体的事物，都是在不同程度上、以不同的形式对这些范型即理念的模仿。

这里且不谈理念论自身存在的矛盾，需要指出的只是，既然理念指的是最纯粹的物，那么它们必定具有普遍性、永恒性和确定性三个方面的特点。普遍性指的是它们不会因不同的时间和处所而发生变化；永恒性指的是它们立足于个体间的共性而非个性；至于确定性，指的则是人们对它们的特性可以进行准确的把握或者规定。正因为具有这三个方面的特征，所以理念就与人们

---

① 参见柏拉图：《国家篇》，《柏拉图全集》第二卷，王晓朝译，北京：人民出版社 2003 年版，第 613—616 页。
② Alfred North Whitehead, *Process and Reality: An Essay in Cosmology*, New York: Free Press, 1978, p. 39.

在日常的生活世界中从经验中看到的纷纭复杂、变动不居、神秘莫测的万事万物形成了鲜明的对比（由经验而来的这种杂多而易变的观念被柏拉图称为"意见"）。也因此，虽然"理念"这个概念原本的含义是外形、形象，但在柏拉图哲学中它获得了一种与事物的外形完全不同的、类似于"本质"的含义。

既然理念具有普遍性、永恒性和确定性的特征，那么 νοῦς 即后来所说的 ratio、理性，作为人们认识理念的能力，也就成为认识事物中那些普遍的、永恒的和确定的要素的能力。问题是：人如何才能获得并使用这种能力呢？柏拉图从他的老师苏格拉底那里学到的是辩证法，并且通过大量的对话为人们运用辩证法提供了非常具体的示例。所谓辩证法，通常是设计几个人的对话，先让某个人尝试对一个概念加以定义，再由另一个人找出这种定义所不能涵盖的特例，一般是找出这种定义所导致的内在矛盾，然后由第一个人对早先的定义进行修改、完善，之后又让其他人找出新定义存在的问题，如此循环往复，不断深入。比如，在柏拉图的《国家篇》中，对话的几位参与者试图寻找"正义"的定义。在对话中，苏格拉底首先尝试提出正义就是"有话实说，有债照还"，即把一个人应得的东西给予这个人。但他又马上指出：如果我在朋友头脑清醒的时候拿了他的武器，那么在他精神失常的时候还给他恐怕是不正当的。其他的对话者感觉到这个定义的确有问题，就提出一个新的定义，比如正义就是把善给予友人、把恶给予敌人等，不断反复，使讨论深入下去。① 苏格拉底把辩证法称为思想的"助产士"，也就是说，辩证法也许并不能提供完美的定义，但可以帮助人们让思想变得更加深入和全面。

---

① 参见柏拉图：《国家篇》，《柏拉图全集》第二卷，第 277 页。

通过实例可以看出，作为一种寻找事物"理念"的方法，辩证法要想被其实践者或者参与者接受，必须满足一个基本条件，也是他们都默认的一项共同规则，即任何陈述或者判断不能自相矛盾，因为对矛盾的回避是辩证法得以进行的关键。作为辩证法基础的这项思维原则，其实决定了古希腊以及后来西方思想的基本走向，即正确的思想必须避免矛盾。亚里士多德后来对这一原则进行了丰富与规范，提出了形式逻辑的三项基本规则，即同一律、矛盾律和排中律。古希腊人相信，借助这些规则，人们就能够发现事物中那些统一的、普遍的、确定的因素。

因此，西方理性主义传统的基本特征实际上在柏拉图的思想中已经基本形成了。它包括内容和形式——也可以说是目标和方法——两个方面。从内容和目标的角度来看，理性主义要求人们去认识世间万物中那些统一的、普遍的、确定的东西，这种东西，柏拉图称之为"理念"，亚里士多德称之为"本质"（τὸ τί ἐστιν）；它们区别于多样的、独特的、可变的东西，后者柏拉图称之为"意见"，亚里士多德称之为"偶性"，是哲学思想必须予以排斥的对象。从形式和方法的角度来看，理性主义确定了一套以形式逻辑作为基本规范的思想原则。这些原则被认为是人类正确思想的保证。正是在这个意义上，海德格尔在《关于人道主义的书信》一文中特别指出：人被看作 animal rationale（理性的动物），这个规定不仅是希腊文的 ζῷον λόγον ἔχον（具有逻各斯的动物、会说话的动物）的拉丁文翻译，而且是对它的一种形而上学的解释。① 之所以说这是

---

① Martin Heidegger, "Letter on Humanism," in William McNeill, ed., *Pathmarks*, Cambridge: Cambridge University Press, 1998, p. 245；并参见海德格尔：《关于人道主义的书信》，《海德格尔文集·路标》，孙周兴译，北京：商务印书馆2016年版，第380页。

一种形而上学的解释，就是因为罗马人把逻辑等同于理性，又把理性即逻辑作为人区别于其他动物的基本特性，这样，非逻辑即非理性就与人性无缘了。

理性主义以上两个方面的基本特征，可以说贯穿了西方思想的整个发展史。如果我们对理性主义进行这样一种内容和形式、目标和方法的理解，而不是像启蒙时期那样把理性主义与蒙昧主义和宗教信仰对立起来，那么我们甚至会发现，从总体上看，基督教的神学理论与理性主义并不存在根本性的矛盾，因为基督教推崇的同样是普遍性、永恒性与确定性，也同样接受形式逻辑的基本规则。当然，基督教教义中有两个方面可能是现代的理性主义者所反对的：一是确定性只存在于上帝一方，而人在救赎的问题上要面临完全的不确定性；二是上帝从无中创造万物。但除此之外，基督教与从古希腊开始的理性主义，特别是被罗马人改造的理性主义，还是高度兼容的。正因此，尼采把基督教称为"大众化的柏拉图主义"[1]。

至于西方近代理性主义为何以宗教作为其反对的对象，而把"启蒙"作为基本目标，根本原因恐怕主要不是两者在思想原则上的差异，而是中世纪基督教会对人的自由，特别是思想自由的压制。否则就很难解释，启蒙时代之后，经过改革的基督教为何能够与现代的理性主义社会相安无事。至于被视为理性主义最大成果的近现代科学技术的快速进步，以及人类物质文明的巨大发展，其真正的动力恐怕也需要到其他地方去寻找。因为理性主义一直存在，变化了的是理性主义原则运用于人们的物质和精神世

---

[1] Friedrich Nietzsche, *Beyond Good and Evil: Prelude to a Philosophy of the Future*, Judith Norman, trans., Cambridge: Cambridge University Press, 2001, p. 4.

界的基本条件,具体说就是对人本身、人与人以及人与自然的基本关系的重新理解,当然也是人们对于理性的能力的重新理解。比如海德格尔就认为,导致技术和物质进步的,并非理性主义本身,而是由它所启发的数学式的思想方法。①

近代的理性主义者,如笛卡尔、霍布斯、洛克等,则因为自然科学和技术所取得的巨大成就而对人类的未来非常乐观。他们不仅把理性视为人类征服和改造自然的基本能力,而且将其视为人类进行自我理解以及调节社会关系的根本法则,从而把理性的地位提升到前所未有的高度:理性成为世间万物唯一的合法化标准。

然而,事情并不那么简单。按照康德的说法,像笛卡尔这些人不过是处于"独断论的迷梦之中"② 而已。也就是说,近代理性主义者的乐观背后掩盖着某种深刻的危机。实际上,还在近代理性主义的青春年代,英国思想家休谟就已经发现,理性并不能给人带来真正的知识。根据休谟的划分,人类的知识包括三个部分:第一类是逻辑的和数学的知识,第二类是经验的知识,第三类是审美和道德的知识。休谟指出,第一类知识的正确性可以得到逻辑规则的保证,但它们不能为人们带来对世界的新的了解;第二类知识可以增加人们对世界的认识,但其正确性没有必然的保证;第三类知识则是环肥燕瘦,各有千秋,因为它们出于不同的习惯与教养,也就是说不可能存在统一的标准。③ 休谟声

---

① 参见海德格尔:《现代科学、形而上学和数学》,《海德格尔选集》,孙周兴译,上海:上海三联书店1996年版。
② Immanuel Kant, *Prolegomena to Any Future Metaphysics*, Gary Hatfield, trans. and ed., Cambridge: Cambridge University Press, 2004, p. 10.
③ 休谟:《人类理智研究》,吕大吉译,北京:商务印书馆1999年版,第四、五章。

称,他本人只是一位"和缓的"怀疑论者而并非不可知论者,但他对人类知识亦即人类理性能力的谨慎态度,也就是对知识的普遍性、永恒性和确定性的怀疑态度,却一直让那些乐观的理性主义者如鲠在喉,使他们不得不认真对待,并且试图加以回答。

最典型的回答当然是由康德做出的。康德自己表示,把他从"独断论的迷梦之中"唤醒的正是休谟。为了解决休谟的疑难,康德设计了一套理论工程,他称之为哲学上的"哥白尼革命"①,意即与哥白尼把宇宙的中心从地球换成了太阳一样,他把对知识的考察从外部世界与人的思维的关系转向了人的思想本身。康德的基本立场是,我们不能验证我们对外部世界即"物自体"的认识正确与否,但我们可以保证我们对外部世界的感知在逻辑上的普遍性、永恒性和确定性,即保证它们服从"自然律";至于并不服从"自然律"的物自体、灵魂、上帝、道德律等,则让它们归于自由。虽然人不能认识自由,但还是可以思量它。②这种把人的思想即"此岸世界"与物自体即"彼岸世界"彻底区隔开来的做法,当然也可以说是一种"以退为进"的策略,是一种拯救人类知识亦即拯救理性主义的努力,同时也是一种兼顾理性与信仰、必然与自由的努力。

严格地讲,康德的努力当然并不算成功,因为人不可能只生活在自己的头脑之中。另外,他区分自由与必然的做法,在释放了自由的同时,客观上又使人的自由失去了理性主义的支撑,成

---

① 这是人们对康德在《纯粹理性批判》第二版序言中提出来的思想方法的总结。参见 Immanuel Kant, *Critique of Pure Reason*, Paul Guyer and Allen W. Wood, trans. and eds., Cambridge: Cambridge University Press, 1998, pp. 110-113。
② 康德认为,"思辨理性已经证明自由不能被思考",因为如果能被思辨理性思考,自由就不再是自由,道德、灵魂和上帝等也一样,但它们还是可以通过实践理性被人们所把握。参见 Immanuel Kant, *Critique of Pure Reason*, pp. 116-117。

为一种飘浮在空中的自由。人为自己立法成为每一个人为自己立法，从而打开了通向相对主义和虚无主义的后门。因此，19世纪末20世纪初，虽然自然科学仍然在持续甚至在加速进步，技术不断取得跨越式的发展，但人们一方面在知识的确定性这一根本问题上仍然十分尴尬地面对着此岸世界与彼岸世界之间始终无法跨越的鸿沟，另一方面在价值领域似乎别无选择地接受韦伯的建议，也就是为了保证科学的"科学性"，就得保持"价值中立"，即不做任何理性的判断。

整个20世纪，西方思想的主流是对理性主义的各种批判与反思，区别仅在于：有的思想家试图从根本上摧毁西方理性主义传统，如尼采和海德格尔；有的思想家则在某些传统上被忽略的人类思想和行为领域为理性主义寻找新的生存基础，如哈耶克与奥克肖特；还有的思想家试图对理性主义进行重新定义，以期为之创造新的生机，如哈贝马斯。尽管他们之间存在着明显的差异，但也表现出一个基本的倾向，那就是摒弃传统理性主义对普遍性、永恒性和确定性的追求，从不同的侧面、在不同的程度上呼吁人们在思想上为个体性、可变性和可能性开放足够的空间。由于这些思想家各执一词，自然也就不可能指望得到人们的普遍认可，但无论如何，他们的工作对于人们反思西方理性主义传统、反思人类知识的基础与可能性等都提供了多方面的参考。可以说，人类思想裹挟着一系列问题进入了新的世纪。

理性主义影响到西方社会生活的方方面面，政治当然也不例外。从古希腊思想家对基本的政治原则、理想的政治体制的研究，到近代西方以自由、生命、财产等基本人权为核心的政治价值的确立，再到与之相匹配的政治制度的完善，直至今天各种具体的政治观念与政治运动，无一不是理性主义以某种方式的体现。因此，理性主义的成就与问题也同样成为理解西方政治中的进步与矛盾的基本线索。

与西方理性主义相比，中国的传统思想表现出一些不同的特点。首先，中国传统思想虽然也有追求普遍性、永恒性和确定性的一面（若非如此，思想就没有了存在的价值），但是这种追求更多地体现于人们对规律的认识方面。在对于事物特征的认识中，人们往往更多地关注个别的、具体的事物；至于事物的共性，或者说事物的本质，则更多的是通过认识者自身的感悟和体会，而非用抽象的概念加以把握和理解。

其次，即便是那些普遍的、永恒的规律，中国传统思想也看到了它们变动的一面，或者说注重从变中体认它们的不变。比如，关于《周易》有一个流传很广的说法，"易有三义"，即简易、变易和不易。就是说，《周易》所反映的事物发展变化的规律即"易"，是变与不变的统一。总之，与西方理性主义相比，中国古代思想显得更注重个体性、可变性、可能性，或者说更注重它们与普遍性、永恒性、确定性之间的平衡。

最后，在思维方式方面，中国传统思想与西方理性主义最大的区别在于，前者从来不把简单的形式逻辑规则即对矛盾的避免与排除作为发现真理的基本方法。相反，中国人一个整体性的思想倾向是认为矛盾才是事物存在和演变的根本动力，即所谓"孤阴不生，孤阳不长"，所以更注重根据事物内部两种相反相成的力量或者要素的消长，对事物的状态、变化及发展的趋势加以把握。

绪　论　理性主义与西方思想传统

前几天,柏拉图在天上遇见孔子了,他拿出手机说:"咱们加个微信吧?以后方便联系。"孔子说:"你扫我吧。"

中国传统思想的这些特点，不仅决定了中国人与西方人具有不同的思维方式，而且决定了两种文化对自然与人世会有不同的发现与理解，当然由此也决定了两种文化彼此相异的价值体系以及人们不同的行为模式。仅仅从思维方式的角度来看，或许可以认为，中国与西方恰恰体现了两个不同的极端，由此也就使它们具有了互为补充的条件。本书对西方理性主义的起源、流变和困境的讨论，都把中国的传统思想作为一个基本的参照系，从而既突显出两者之间的区别，又通过这些区别加深人们对中西方思想自身的理解，特别是对它们各自的优劣之处的体认。在关于超越西方理性主义的思考中，同样也把中国传统思想作为可供汲取的重要资源，旨在探讨一种通过两套思想体系的交流汇通，创造新的思想方式的可能。

第一章
古代希腊思想中的理性主义

一、对事物本质的追求

概而言之,人类的知识包括两个方面的内容,即对事物(包括人在内)自身的认识,以及对事物变化规律的认识。当然,这种知识必须具有一定程度的抽象性,也就是说,它不能只是对某一个具体事物及其变化的认识,而必须是对一类事物及其变化规律的认识。这样,人类个体对于具体事物的了解才有可能成为人类共享的、对类似事物的认识,知识的传播、积累与创造才有可能,也才有意义。

在古希腊,对事物类别的认识主要体现为对认识对象的分类和定义,或者说,古希腊哲学就始于对事物加以定义,即寻找概念的尝试。柏拉图的《政治家篇》提供了一个很典型的分类和定义的范例。① 事实上,分类和定义互为前提,人们可以通过直观对事物加以分类,比如把人分为成年人和未成年人,把生物分为植物和动物等,这种建立在直观基础上的分类为定义提供了基础,但还不是定义。所谓定义,就是确定关于某种事物的概念。概念不能建立在直观的基础上,而是必须体现出一物区别于他物的根本特征。

---

① 参见柏拉图:《政治家篇》,《柏拉图全集》第三卷,王晓朝译,北京:人民出版社2003年版,第87页。柏拉图是为了寻找对"真正的政治家"的定义而从一般性的分类和定义标准开始讨论的。

一个事物从根本上区别于其他事物的特征，或者说一事物作为此事物而非彼事物的基本特质，在西方思想中被称为本质。概念必须反映事物的本质。本质被认为是变动不居的事物背后确定不变的根本要素，是使同一类的个体虽然彼此相异但又共属一体的关键，是"多"之中的"一"。在古希腊人看来，事物的本质即类的特征而非个体特性才是人类知识，特别是哲学的基本对象。换言之，对西方理性主义传统来说，真正的知识就是对事物本质的认识。这种观点可以称为"本质主义"。显而易见，柏拉图的"理念论"就是本质主义的一个典型示例，虽然柏拉图本人尚未使用"本质"这个概念。在柏拉图看来，"理念"而不是各种具体的事物，以及我们在观念中对这些事物的表象即"意见"，才是每一类事物中最真实、最完满的个体，相应地，关于"理念"的知识，也才是真正的知识。

　　古代希腊人提供的对事物加以定义，也就是寻找事物本质的方法是属加种差。这种方式要求人们事先明确一事物所从属的更大一类事物，并且明确这一事物与同属一类的其他事物之间的根本差异。比如在"人是会说话的动物"这一对人的定义中，人首先被归属于动物这一更大的类别，然后再明确人与其他动物的根本性区别，即只有人这种动物具有语言能力。可以看出，这个定义建立在两重区分的基础上。第一重区分使人与其他物（比如说植物）区分开来；第二重区分又使人与其他动物区分开来。可见，定义的基础是分类。

　　上文提到，分类的基础有两个方面：一是直观，二是定义。当然，两者可以在循环中相互完善，但实际上它们之间并不存在逻辑层面的区别。严格地说，定义只是对直观的澄清和辨析。古

第一章　古代希腊思想中的理性主义

罗马传记作家第欧根尼·拉尔修的《名哲言行录》中有一个关于辛诺普的第欧根尼的故事。第欧根尼是一位特立独行,并且常常使一些与其同时代的名人(包括柏拉图在内)难堪的哲人。柏拉图曾经有一次把人定义为"双足的无毛动物"。弟子们认为这个定义很精确,但第欧根尼却携带一只被拔光了毛的鸡来到了柏拉图学园,并嘲讽说:"这就是柏拉图所说的人。"于是,柏拉图只好对原先的定义进行补充,加上了"有长长的指甲"这么一个被认为是人所独有的特征。[①] 当然,这只是一个第欧根尼"踩在了柏拉图的骄傲之上"[②] 的趣闻,但也由此可以看出,直观而非逻辑,或者说归纳而非演绎,是定义的基础。

除分类可能面临的问题之外,通过属加种差的方式对概念进行的定义,以及任何在此基础上对事物本质的认识,还面临一个根本性的难题,即对一物的定义依赖于对此物所从属的更大类别的事物的认识即定义,比如对人的定义依赖于对动物的定义。原则上说,如果不了解什么是动物,就不可能了解什么是人。要定义人,就必须先定义动物,比如可以把动物定义为有生命并且自身会运动的物。但这样最后会面临一个没有办法定义的概念,即物。什么是物?对这个概念,显然不可能再用属加种差的方法加以定义。然而,如果这个概念得不到定义,那么它所包含的所有种属的物(动物、人、政治家)的定义都出现了问题。

这就意味着,一切定义成立的条件是定义者凭直观知道某物是个"物"。但实际上不必走那么远,定义者就会遇到另一个难题。因为任何一个按照属加种差进行的定义都建立在归纳和分类

[①] 第欧根尼·拉尔修:《名哲言行录》,马永翔、赵玉兰、祝和军、张志华译,长春:吉林人民出版社 2011 年版,第 354 页。
[②] 同上书,第 348 页。

的基础之上，而归纳和分类的标准就暗示了某种定义的存在。比如，在"人是会说话的动物"这个定义中，我们是如何得知人是会说话的动物这一点的？无论是因为我们观察了所有的动物，并且把那些会说话的动物统称为人，还是我们对人进行观察，发现他们都会说话，其前提都是我们预先设定了一个分类的标准，即语言的能力。如果前面提到的有关第欧根尼的记载属实，那么柏拉图还提供了一个对人的定义，即"人是双足的无毛动物，有长长的指甲"，这是另一种分类的结果，是根据动物的肢体特征进行的分类。这意味着什么呢？意味着我们在对人进行归纳之前，就已经预设了某种标准，或者说某种方向，指导我们去观察人与其他动物的差别，去观察他们是否会说话，或者是否两足无毛，且有长指甲，等等。那么这个标准又是怎么产生的呢？

亚里士多德其实已经意识到这个问题的存在，即人们要对事物加以归纳就需要首先对它们进行分类，而对事物进行分类就需要依据某种标准，但这个标准似乎又只能通过归纳才可获得。换言之，对事物加以研究是为了了解事物的本质，而在这种研究开始之前，人们又似乎必须对其本质有所了解，否则甚至不能判断某物是某物。正如亚里士多德所言："科学就是对普遍者和那出于必然的事物的把握。凡是证明的知识，以及全部科学都有开始之点（因为科学总伴随着理性）。然而科学的起点却不是科学、技术或明智。……所剩下的只能是把握开始之点的理智。"①

---

① 亚里士多德：《尼各马科伦理学》，《亚里士多德全集》第八卷，苗力田译，北京：中国人民大学出版社1994年版，第126页。注意，在这里，亚里士多德所谓的"明智"指的是实践的智慧，而"理智"指的其实是智识的直觉，它与那些不可证明的第一原则相关，也与实践的智慧相关。(参见 Aristotle, *Nicomachean Ethics*, Roger Crisp, trans. and ed., Cambridge: Cambridge University Press, 2004, p. xxv。)

第一章 古代希腊思想中的理性主义

当然,可以把分类、归纳和定义理解为一个连续的、不断加以修正和准确化的过程。人们根据直观对事物进行分类和归纳,在此基础上获得某种定义,再根据这个定义对事物进行更清晰、严格的分类,如此循环往复。只不过,这种理解已经超出了传统哲学即形而上学的范畴,类似现象学、解释学的循环了,因为它客观上意味着并不存在确定不变的定义,也就是不存在确定不变的本质。这不仅是柏拉图,而且也是亚里士多德不可能接受的。

作为一位明智的思想家,亚里士多德不会让思想原则妨碍对实际事物的认识和把握。这在他对城邦政体的研究中充分体现出来。亚里士多德认为,政体就是城邦的形式,是城邦本质的反映。[①] 因此,对政体的分类就具有十分重要的意义。柏拉图曾经提出过一种政体分类标准,即根据城邦统治者的人数多少(一个人统治、少数人统治和多数人统治)和统治是否合法把所有城邦分为六类。这个分类方法非常简单明了,而且能够反映城邦的本质。但是,亚里士多德对此并不满意,因而对其加以修改,主要是更改了"统治是否合法"这一项。因为他意识到,"是否合法"其实是一个几乎没有办法回答的问题。合谁的法呢?任何统治者在取得政权之后首先都会把自己的统治合法化,所以,如果以一个城邦的现行法律体系作为标准,那么任何统治者的统治都是合法的,合法性问题就变得毫无意义。但是也不能用这个城邦以前的法律作为标准,因为这会让任何政治变化都不合法。当然更不能用某种外在的标准,因为这种外在标准如果来自其他城邦,显

---

① 亚里士多德:《政治学》,《亚里士多德全集》第九卷,颜一、秦典华译,北京:中国人民大学出版社 1994 年版,第 78 页。

然不合适，毕竟每个城邦的情况都各有不同；如果它来自某种"普遍标准"，又会太抽象而不切实际。所以亚里士多德并未拘泥于对政体合法性的抽象规定，而是提出了一个任何人凭直观都能够了解和把握的替代标准，即统治者是仅仅维护自己一方的利益，还是同时兼顾被统治者一方的利益。实际上，亚里士多德对政体的研究远不止于一般化地对政体进行分类，他更进一步研究了每一类政体中存在的各种具体情况即所谓的"变异"，并且分别对其加以分析和判断。也可以说，在政治学的研究中，亚里士多德远远超越了古希腊思想中的本质主义特征，而是直接面向每一种具体的实际情况。

　　追求事物的定义和本质，通过建立一套概念体系使关于某一事物的知识系统化，使人们可以在不必事事亲历的情况下，以相同的方式，迅速掌握关于世间万物的一般性的亦即普遍化的知识，这不仅为学习者提供了一种十分便利的途径，而且对于知识本身的传播、积累与再创造也具有重要的意义。西方文艺复兴，特别是启蒙运动之后知识的迅速积累与创新，与这样一种认识方法具有密不可分的联系。但是，除概念和定义本身所存在的问题之外，这种建立在概念和定义基础之上的知识还存在另外一个方面的缺陷，即对复杂事物的简单化和平均化（这正是概念化的基本特点），从而在了解事物的共性即所谓本质的同时忽略了事物的个性，也忽略了人们对事物加以观察的出发点或者说立足点。换言之，建立在概念和定义基础之上的知识虽然可能有"本质"之名，但实际上是一种简化了的知识，而并非比对个体事物的认识更"精确的"知识。认为理论的、一般性的或者说概念化的知识比关于个体事物的知识更完整、更准确，这其实是柏拉图的理念论或者一般而言西方本质主义带来的一个巨大误解。对于复杂事物,特别是对于与人相关的事物来说,这种知识的不足之处就十分明显了。

海德格尔对概念的单一性与具体事物的复杂性之间的矛盾关系有一段非常透彻的论述:"如果我们把科学认识的任务设定为如其所是地反映和描述现实,那么马上就可以证明,这是一项不可能的事业,因为现实具有'不可计数的多样性',因而无法通过概念加以把握。无论概念反映了现实什么方面的内容,与它所没有反映的相比都少到可以忽略不计。……此外,现实性还有第二个特点:现实的任何一部分都不会绝对等同于另一部分。每一现实之物都具有独一无二的个性特征。没有绝对的同质性;所有事情都各不相同,所有真实事物都彼此相异。总而言之,现实性是一种异质的连续性。这种连续性和可变性的结合使现实带上了非理性的特征,概念对此无能为力。"①

柏拉图在《政治家篇》中也讨论过类似的问题。由于法律具有普遍性、永恒性、确定性,并且能够超越人的情感和主观判断,所以在找不到真正的政治家的情况下(当然,在通常情况下肯定是找不到的),法律的统治应该是最好的统治。然而,由于人事的复杂多变,没有两个人、两件事完全一样,所以在处理每一个具体问题的时候,又需要执行法律的人审时度势、慎思明断。就此而言,在每一个具体情况下政治家的判断依然不可或

---

① Martin Heidegger, "Phenomenology and Transcendental Philosophy of Value," in Ted Sadler, trans., *Toward the Definition of Philosophy*, London and New York: Continuum Press, 2002, p. 144;并参见海德格尔:《现象学与先验的价值哲学》,《海德格尔文集·论哲学的规定》,孙周兴、高松译,北京:商务印书馆2015年版,第184页。

缺，因此，优秀的政治家仍然是法律的统治得以实现的基本条件。① 亚里士多德更是一再强调政治家个人判断的必要性和重要性。他在探讨正义问题时表示，了解正义的一般原则其实并不难，真正困难的反而是在每一个具体环境下，找到使这些原则得以实现的不同方式，这被他称为"衡平"（equity）。衡平之术，才是最高的智慧，即 φρόνησις（实践的智慧）。遗憾的是，西方后世的理性主义者发挥的是柏拉图和亚里士多德思想中强调普遍性、永恒性和确定性的部分，而忽视了他们虽然没有提升到一个很高的位置，但至少没有忽略的个体性、可变性和可能性的一面。

另外，通过定义和概念对事物进行把握，也就是对事物的本质加以认识的时候，无论认识者自觉与否，他实际上都采取了某种特殊的角度，把事物中根据特定的理论需要强调的部分突显出来，而忽略了与其理论要求不相关或者不一致的部分。海德格尔强调指出了这一事实。实际的事物总是处于变化之中，而同类事物也总是表现出各种个体性的差异，所以如果要用概念对现实加以描述，唯一的方法只能是把事物的连续性和可变性人为地分割开来，通过同质性来把握连续性，再通过把连续性转变为离散性来把握异质性。也就是说，异质连续的现实性被概念化为同质的连续性或者异质的离散性。海德格尔提醒人们注意，既然概念对现实的把握是通过对其连续变化的切割实现的，那么一定要清楚，相关的概念是通过一个什么样的原则，使"现实性中一些本质性的环节被纳入了概念，同时哪一些环节被视为非本质性的而被排除在外了。这些概念建构的原则显然取决于科学为自身确立

---

① 参见柏拉图：《政治家篇》，《柏拉图全集》第三卷，第145页。

第一章 古代希腊思想中的理性主义

的认知目标"①。

就是说,借助概念和定义了解事物的方法,类似于伦勃朗的画,通过从特定的角度对光与影的处理,突出了事物的某些部分,同时又让阴影遮蔽了其他部分。实际上,尼采比海德格尔更早发现了这个事实,只不过他使用了不同的表述。尼采认为,在给定的条件下,人只能看到事物某些特定的部分而必然忽略另外的部分,这是人类认识的基本特征。也就是说,人不可能获得一种全面了解事物的方法:看到了某个部分,必定以看不到其他部分为代价。换言之,任何一种概念化的认识都具有片面性。尼采的这一理论被称为"视域论"(perspectivism)。②

在中国思想家中,王弼第一次以非常清晰的逻辑指出了同样的问题。他针对《老子》中的"道可道,非常道;名可名,非常名"写道:"名必有所分,称必有所由。有分则有不兼,有由则有不尽。不兼则大殊其真,不尽则不可以名,此可演而明也。……然则言之者失其常,名之者离其真,为之者败其性,执之者失其原矣。"③ 名和称都是命名,类似于西方理性主义的概念化思维。王弼认为,对事物的命名必然建立在对原本连续的事物进行划分与切割的基础上,但这样就没有办法反映事物的全貌,因此任何命名只能是对事物某个部分的反映,与真实的事物

---

① Martin Heidegger, "Phenomenology and Transcendental Philosophy of Value," in *Toward the Definition of Philosophy*, pp. 144-145;并参见海德格尔:《现象学与先验的价值哲学》,《海德格尔文集·论哲学的规定》,第 184—185 页。
② 参见 Friedrich Nietzsche, *The Gay Science*, Josefine Nauckhoff, trans., Cambridge: Cambridge University Press, 2001, p. 69; Friedrich Nietzsche, *The Will to Power*, Walter Kaufmann, trans., New York: Random House, Inc., 1968, pp. 267, 275, 278, 280, 301-302, 327, 330。
③ 王弼:《老子微旨例略》,熊铁基、陈红星主编:《老子集成》第一卷,北京:宗教文化出版社 2011 年版,第 238 页。

相去甚远。如果人们执着于这些名与称即概念,那么显然就不可能把握事物的根本。他进而根据这一思想对《老子》的写作方式加以肯定:"是以圣人不以言为主,则不违其常;不以名为常,则不离其真;不以为为事,则不败其性;不以执为制,则不失其原矣。"① 正因为圣人的思想和写作不拘泥于名称,所以才能够把握事物的精髓。他提醒读者,在阅读和理解《老子》的时候一定要注意避免纠缠于文字的含义本身,甚至连因名责实的方法也未必可取。只有超越语言,才能达到真知。"《老子》之文,欲辩而诘者,则失其旨也;欲名而责者,则违其义也。"② 其实对任何概念的理解也都是如此,不应过分刻板,以致见木不见林,而应该一叶知秋,领会其言外之意。

这种追求言外之意的思想方式其实具有明确的指向,并非故作神秘。它可以保证认识者不至于管中窥豹,陷于片面。当然,与本质主义通过语言精确定义的概念相比,中国传统思想强调的这种超乎语言的意义又表现出很大的不确定性:除认识者本人的感悟之外,体现出可教不可学,可学不可教,即难以传授、难以交流的特点,而这就有可能妨碍思想的进步和发展。两种传统的确是优劣互现,对比明显。

---

① 王弼:《老子微旨例略》,熊铁基、陈红星主编:《老子集成》第一卷,第238页。
② 同上。

第一章 古代希腊思想中的理性主义

庄子:"你看水里有一条快乐的鱼!"赫拉克利特:"我们俩看到的应该不是同一条鱼。"

二、逻各斯中心主义：思维的方式与思维中的世界

古希腊人为保证思维对普遍性、永恒性和确定性的把握，从形式或者说方法的角度对他们所理解的正确思想进行了约束和规定，这就是思维的规则。思维的规则被称为逻各斯（λόγος, logos），其核心就是拒绝思想中出现矛盾。经亚里士多德的总结，逻各斯（形式逻辑）的规律一共有三条，即同一律、矛盾律和排中律，后面两条其实是第一条的推论。自提出之日起，这些规则在西方一直是正确思想的基本规范。这意味着违背了这些规则的思考，无论其内容如何，都不可能被人们所接受。

先看同一律。海德格尔指出，在西方理性主义传统中，"这一定律被认为是最高的思维规律"①。同一律要求，在思维过程中，包括认识者自己的认识过程和与他人讨论的过程中，必须保证思维对象或者说认识与谈论对象的同一性即一致性，用逻辑公式表达就是 A = A。更具体地讲，就是我们必须保证我们所讨论或者思考的始终是同一个对象，而所谓同一个对象，就是始终具有相同的基本特征即本质的对象。

当然，如果事物本身保持一成不变，那么人们对它们的认识也应该始终如一。但是如果事实果真如此，那么古希腊思想家肯定不会提出对同一性的要求。反过来，如果世界上根本没有哪一种事物可以保证它的同一性，也就是说世界的基本特征变动不居，那么同一律的意义又是什么呢？是说思想必须与事物同步变

---

① 海德格尔：《同一与差异》，《海德格尔文集·同一与差异》，孙周兴、陈小文、余明锋译，北京：商务印书馆 2014 年版，第 31 页。

第一章　古代希腊思想中的理性主义

化,从而如实地反映事物的变化,还是说思想本身必须始终同一,以不变应万变?这其实并不是一个虚拟的问题。古希腊思想家赫拉克利特有一句名言:人不能两次踏进同一条河流。① 赫拉克利特的意思是说,一切皆流,一切皆变。因此,当我们第二次踏进一条河流的时候,它已经不再是我们上一次踏进的那条河流了。当然,按照这个思路再引申一下,我们其实也不再是以前的我们。但这个引申在思想上很危险,因为它意味着不存在一个不变的主体去判断某条河流是不是以前那条河流,这就陷入了诡辩论和虚无主义。我们现在暂且不去探讨这个问题,而赫拉克利特要保持他自己的同一性,恐怕也不可能走那么远。

我们还是假定有一个不变的主体,来思考他是否两次踏进了同一条河流。显而易见的是,如果赫拉克利特的论题是对的,那么同一律就是错的,因为它违背了事实,所以应该被抛弃。但实际情况是同一律的要求在西方思想史上占了上风,成为理性主义的根本原则,而赫拉克利特则变成了一位被边缘化的人物。可是,我们也不能因此断定赫拉克利特错了。刚才提到,赫拉克利特的思想存在着某种危险,因为如果把他的逻辑贯彻到底,那么主体的同一性本身就会受到质疑。② 因此可以认为,赫拉克利特之后的西方思想家对同一性的坚守,其根本原因是为了避免出现由主体同一性的坍塌而可能导致的相对主义或者虚无主义的结果,这种结果的出现会使人们对知识的追求化为泡影。作为中国

---

① "根据赫拉克利特所言,要两次踏入同一条河流是不可能之事,一件必朽之物,涉及它的状态时也不可能有两次接触。"(赫拉克利特:《赫拉克利特著作残篇》,楚荷译,桂林:广西师范大学出版社2007年版,第102页。)

② 赫拉克利特的确曾经说过:"我们踏入又并非踏入同样的河流;我们是亦不是。"(赫拉克利特:《赫拉克利特著作残篇》,第62页。)

人，我们会非常自然地问：任何事物不都是变与不变的统一吗？但遗憾的是，西方人至今为止也并没有按照中国人的逻辑来思考问题。对他们来说，要不一切都变，要不一切都不变，两者之间不存在折中的可能。正如海德格尔所说："同一律所说出的东西正是整个西方—欧洲思想所思的东西，这就是：同一性之统一性构成了存在者之存在（Sein des Seienden）中的一个基本特征。"①

现在就可以回答上面提出的问题了：同一性的要求有什么实际意义？海德格尔对这个问题给出过一个很有意思的回答："对于科学来说，倘若没有预先总是确保了其对象的同一性，它就不可能成其所是。通过这种保证，研究才确保它的工作的可能性。"② 也就是说，在西方理性主义看来，如果不能保证对象的同一性，如果研究对象变动不居，那么科学研究就不可能进行，更不可能向前推进，即科学研究不可能没有一个确定不移的对象。下一节会指出，这是亚里士多德对科学的第一项要求。不过，这里其实包含了一个十分可疑的逻辑：之所以提出同一性的要求，并不是因为事物本身不会发生变化，而是科学研究的内在要求不允许它的对象有所变化。这就意味着，无论事物的实际情况如何，是变还是不变，是变中有不变还是不变中有变，我们的认识只能关注其中不变的部分。当然，以柏拉图为开端的西方理性主义传统并不这样理解这个问题。在理性主义者看来，同一律不过是本质主义对思想原则的要求，因为它已经把事物当中不变的部分（being）视为事物的本质，而把变化的部分（becoming）视为事物的表象或者幻象。

---

① 海德格尔：《同一与差异》，《海德格尔文集·同一与差异》，第34页。
② 同上。

第一章　古代希腊思想中的理性主义

由此可见，从西方传统理性主义的外部来看，同一律未必体现了事物本身的规律，而只是为使科学得以成立所必须遵循的思想规则。但是，从这种理性主义传统的内部来看，这一规则却与人们对事物本质的理解相一致，因为事物的本质恰恰被定义为统一的、普遍的、确定的东西。因此，按照同一律的要求，人们不仅必须保持思维与谈论对象的一致性，而且必须保证思想本身的一致性，亦即人们对事物的理解内部的一致性。同一律在西方思想史上导致的一个结果，就是大大强化了西方思想传统中的本质主义，或者说在两者之间产生了一种相互强化的关系，使人们把关注的焦点始终放在那些使一个事物保持不变、使一个事物始终是这个事物而非其他事物的特征上面。

我们可以尝试对本质主义提出这样一系列问题。比如说，中国5000年前是中国，现在还是中国。为什么说它还是中国？它什么都变了，疆域变了，地貌也变了，人早就变了，景观也不一样了。难道只是因为中国这个名字没有变，所以它还是中国吗？它不变的东西即它的本质到底是什么？相信对于这些问题，本质主义者的确不太好回答。

当然，对非本质主义者来说，5000年来中国为什么还是中国这个问题的答案反而十分简单：实际上一切都变了，但是变中有不变，不变中有变，也就是说变化中有连续，连续中有变化。因此，我们之所以仍然称这个国家为中国，并不是因为5000年来一直存在着什么始终没有发生变化的东西，也不需要有什么始终不会变的东西，而是因为这些变化的每一步都与变化之前的状态相联系，都从每个特定的方面延续了变化之前的状态。换言之，我们可以找到一个使变化前后相连的谱系，但是在每一个变化的环节上,起到联系桥梁作用的因素很可能会彼此不同。

同一律衍生出的第一条思维规则是矛盾律。亚里士多德对这一规则的表述是:"一切意见中最为确实的是,对立的陈述不能同时为真。"① 就是 A 不等于非 A,是与非、善与恶、统治与服从泾渭分明、毫不含糊、势不两立,不是西风压倒东风,就是东风压倒西风。前面提到,西方理性主义传统的起点是对思维中矛盾现象的排除,这也是苏格拉底辩证法的思想基础。可以说,在苏格拉底的辩证法中,对话者们已经充分了解并自觉遵守矛盾律这条逻辑规则。苏格拉底式的对话能够不断走向深入,关键也就在于苏格拉底这个角色在对话的各个环节中巧妙地运用了矛盾律。就此而言,虽然可以说矛盾律是由同一律衍生而来,但实际上矛盾问题在西方理性主义传统以及整个西方文化中都具有十分重要的地位。事实上,亚里士多德对同一律的表达也是以排斥矛盾即排斥赫拉克利特的论题的方式体现出来的,即"同一事物,不可能在同一时间内既存在又不存在,也不允许有以同样方式与自身相对立的东西"②。因此也可以认为,西方文明是一种对矛盾高度敏感的文明,也是一种对矛盾的容忍程度相当低的文明。

这里不必讨论是非对错善恶美丑之间的复杂关系,只举一个政治学的例子。政治学最根本的问题,就是如何进行一种制度设计,以保证一方面政府能够对社会进行有效的管理,另一方面社

---

① 亚里士多德:《形而上学》,《亚里士多德全集》第七卷,苗力田译,北京:中国人民大学出版社1993年版,第106页。
② 同上书,第248页,并参见第91页。

会又能够对政府进行有效的控制。① 但是，从矛盾律的角度来看，这句话显然有问题。怎么可能既要让政府管理社会，又要让社会控制政府呢？到底哪一方是统治者？谁在统治，谁在服从？这难道不会导致政治上的对抗和扯皮吗？根据矛盾律，既然是政府有效管理社会，那么社会就不可能控制政府；反过来也一样。简而言之，这句话自相矛盾。

当然，一句在逻辑上自相矛盾的话并不意味着这句话所表达的现实不该或者不能存在，因为近代西方政治制度的设计者们，或者说近代西方政治的基本走向，就是试图在政府对社会的管理与社会对政府的控制之间寻求平衡，而且事实上也可以做到这一点。具体的办法可能有很多，比如在有些事情上政府管理社会，另一些事情上社会控制政府；在有些时候政府管理社会，另一些时候社会控制政府。前者比如行政方面政府管理社会，拨款方面社会控制政府；后者比如选举制度。假定某个国家实行政府任期四年的制度，四年是1460天，其中1459天是政府管理社会，还有一天是社会控制政府。这个简单的例子表明，实际生活无须也不可能完全遵循逻辑规律。这样一种从实际出发的态度，在西方被称为实用主义。看起来，生活的逻辑还是要大于思维的逻辑。关键时候，人们仍然会依从生活的逻辑而非后者。

第三条逻辑规则是排中律。排中律要求人们在 A 和非 A 之间

---

① 美国立国者汉密尔顿或者麦迪逊讲过类似的话，不过说的是："在组织一个人统治人的政府时，最大困难在于必须首先使政府能管理被统治者，然后再使政府管理自身。"（汉密尔顿、杰伊、麦迪逊：《联邦党人文集》，程逢如、在汉、舒逊译，北京：商务印书馆1980年版，第264页。）汉密尔顿或者麦迪逊严守矛盾律，所以他是让政府管理社会，同时又自己管理自己。但如果真的是这样，即没有社会反过来对政府的监督，政府应该是管不好自己的。

进行抉择。亚里士多德指出："在对立的陈述之间不允许有任何居间者，而对于事物必须要么肯定要么否定其某一方面。这对定义什么是真和假的人来说十分清楚。"① "只要既真又假不可能，那么或真或假也就不可能。"② 所谓排中，就是排除中间地带，英文称排中律为"law of excluded middle"，意思与汉语完全一样。排中律也可以理解为矛盾律的一个变异，即非黑即白，不可能存在灰色地带。进行判断的时候必须对错分明，是就是是，不是就是不是，不能似是而非；在实践中，善恶势不两立，不可能做墙头草两边倒，中间道路是没有的。

亚里士多德提出的这些逻辑规则从形式或者说方法的层面奠定了西方理性主义的基础，也可以说，西方理性主义从形式上就体现为一种严格的逻各斯中心主义。这种思想传统或者思想原则的实践结果，就是人们在思想和行动中追求普遍性而非个体性，追求永恒性而非可变性，追求确定性而非可能性。

逻各斯中心主义与西方理性主义传统中的另外一项典型特征（上一节讨论的本质主义）实际上是一个硬币的两面，因为它们分别体现了西方理性主义对思想的形式与内容、方法与目标的基本规定。本质主义的目标是追寻事物不变的本质，即决定一个事物是此事物而非彼事物的基本规定性，这种规定性也就是事物同一性的根本保证；逻各斯中心主义则被认为可以从方法或者说程序上保证这种追求得到预期的结果。当然，相比而言，本质主义更具有基础性的意义，因为只有依靠本质主义的支撑，同一律才能够成立；没有事物本身的同一性，也就无法保证思想的同一性。

---

① 亚里士多德：《形而上学》，《亚里士多德全集》第七卷，第106页。
② 同上书，第108页。

第一章　古代希腊思想中的理性主义

但我们确实都知道，事物的本质很多时候难以把握，世界总是变动不居、反复无常。难道亚里士多德不清楚这一基本事实吗？或者他也如柏拉图一样，把不变视为根本，而把变化视为幻象？其实亚里士多德本人非常清楚事物的变化无常，而且承认事物的发展变化恰恰是他的哲学体系的出发点之一，这也是亚里士多德的"四因说"① 与柏拉图的"理念论"最大的区别所在。"四因"中的动力因与目的因，就是用来说明事物的运动和变化的。可以肯定，与柏拉图的思想相比，亚里士多德希望为事物的发展变化保留足够的空间，尤其在政治学领域更是如此。但是，正因为他知道事物会变化，所以就更加迫切地希望明确事物怎么变、是什么因素在变，以及变中的不变。因此，虽然亚里士多德与柏拉图在很多方面不同，对后者也有诸多批判，但是对于事物中不变因素的追求，在他们身上都体现得非常明显、非常突出。

总的来讲，逻各斯中心主义与本质主义一道，构成了西方理性主义传统的重要特征。需要注意的是，虽然逻辑规则规范的只是思想的方法，但由于本质主义的影响，它同时也反映了思想者们在思想中对事物本身的一种投射。也就是说，逻各斯中心主义意味着人们不仅按照逻辑规则来思考，而且他们认为事物本身也具有逻辑性，或者说事物本身就符合逻辑。逻辑不仅是思想的规则，也是事物本身规律的体现。正因为如此，逻辑的方法才能够反映事物发展变化的规律。当然，这一点后来受到经验论、怀疑论和不可知论的质疑，并且最终把康德从独断论和教条主义的迷

---

① 亚里士多德用四种因素来理解事物的生成变化，即质料因、形式因、目的因和动力因。以一座大理石雕塑而言，大理石是质料因，雕塑是形式因，雕刻家是动力因，装饰城市则是目的因。参见亚里士多德：《形而上学》，《亚里士多德全集》第七卷，第十二章。

梦中唤醒。① 康德非常著名的关于先验统觉的理论就是为了回应这些质疑而提出来的，它使逻辑规则的支配不再遍及世界的各个角落以及人的全部生活，而仅仅退守人们思想中知觉的领域。但是，尽管康德在理论上做出了如此重大的让步，在日常生活的世界，相信事物本身具有逻辑性仍然是西方人的一种"背景性"知识。

本质主义加上逻各斯中心主义，意味着西方理性主义传统在认识上要追求两个方面的确定性，亦即两种不变性，一是本质的确定性，一是规律的确定性。前面提到，对规律的确定性的追求可能是任何思想体系必不可少的前提。如果没有规律的确定性，不仅知识将变得毫无意义，而且我们这个世界可能也不复存在，因为人恐怕不可能在一个完全无序的世界中生存。但是，规律的确定性并不必然等于事物的不变性。西方理性主义传统中本质主义加上逻各斯中心主义导致的问题，就是把规律的确定性等同于事物的不变性，从而在思想中对个体性、可变性和可能性采取了一种排斥和封闭的态度。至于本质的确定性，则不一定是每一个思想体系都必然具有的追求。如上所述，中国的传统思想中从来就不存在本质主义的因素，或者说中国思想本身就具有反本质主义的特点，而这个特点又与这种思想对矛盾、变化的高度认可直接相关。

从思维原则的角度来看，中国传统思想与西方理性主义表现出十分明显的差异。当然这并不意味着前者不遵循基本的逻辑规则。虽然中国古代思想家并没有总结出类似形式逻辑那样的思想规律，但他们的确注意到了相关问题的存在，比如公孙龙以及庄子与惠施的大量辩诘都可以证明这一点。同时，在他们的思维与语言表达中，也都注意到了基本的逻辑规范的要求。中国传统思

---

① Immanuel Kant, *Prolegomena to Any Future Metaphysics*, p. 10.

想的特点是更注重、认可世界客观存在的个体性、可变性和可能性,并且使它们在思想中得到充分的体现。换言之,中国传统的做法是让思想贴近现实,而非让现实迁就思想。

对世间万物内在的矛盾及其变化的体认,是中国传统思想的一个重要特征。两两相对的力量和要素(中国人称之为"对子")的相互作用,是任何事物能够存在的基本条件;它们之间力量的消长,则被认为是事物运动变化的根本动因。《周易》把宇宙的基本元素和力量归结为阴与阳,《老子》则称之为有与无。说法不同,但意义完全一样。《周易》说:"一阴一阳之谓道,继之者善也,成之者性也。"① 就是说任何事物都包含了阴阳两种成分和两种力量,这是宇宙的基本法则,它们相生相克,相摩相荡,人只有尊重这一法则,才有可能做好各种事情。《老子》中同样有一段话说明有与无之间的相互关系:"天下皆知美之为美,斯恶已;皆知善之为善,斯不善已。故有无相生,难易相成,长短相形,高下相倾,音声相和,前后相随。"② 与《周易》一样,《老子》同样强调两种性质上相反的元素和力量互为条件,相互依存,相互转化,彼此消长。因此,老子强调的无为不是真正的无所作为,而是借助事物本身的运行变动规律,因应自然,顺势而为,以柔克刚,最终达到"无为而无不为"③ 的效果,即实现更大的作为。

需要指出的是,中国这种传统的思想原则,这种对矛盾与变化的强调与体认,与黑格尔的辩证法也有根本性的区别。黑格尔的辩证法主张事物向相反方向的转化和对自身的扬弃,并在这个过程中实现新的综合与发展,这是对西方传统形而上学思想的突破和矫

---

① 《周易·系辞上》。
② 《老子·第二章》。
③ 《老子·第四十八章》。

正，也是对西方理性主义的丰富和发展。但黑格尔辩证法的特点是主张事物阶段性地向相反方向转化，即所谓的"螺旋式发展"；至于在其中的每一个发展阶段，即所谓的"正、反、合"各阶段，事物的性质仍然是单一的，同一律仍然要发挥作用。与此不同，中国传统思想强调任何时候、任何情况下，两种相反的元素或者力量始终并存，相互作用，须臾不可分离。即便是《易经》中乾坤二卦，看似纯阳纯阴，但同时已经包含了自身的反面。这不仅体现在每一卦中阴阳消长自然蕴含的相反力量的变化（比如阳的弱小自然意味着阴的强大），更体现在乾卦和坤卦所特有的"用九"和"用六"两爻，即它们各自包含了彻底转向另一个方向的可能。相比之下，黑格尔的辩证法在事物变化的每一个阶段都要遵循形式逻辑的要求，所以它就无法解释变化从何而来，而只能笼统地称之为"量变引起质变"。就此而言，中国思想中这种阴阳有无相生相克、相辅相成的变化观念具有明显的优越性。

当然，中国这种传统的思想方法虽然的确更贴近事实，但与对事物性质认识方面的反本质主义类似，它也具有其难以把握的一面，特别是与西方理性主义那种非黑即白、是非分明的思维原则相比就更是如此。在思想和实践中，因为中国人更注重在阴阳与有无之间拿捏分寸，而不是做出简单的取舍，所以显得更喜欢找灰色地带，甚至把那种似是而非的状态视为最佳境界，这种情况则为西方人所不理解，也不允许。因此，在中国与西方的交往中，思想方式的差异很有可能成为双方相互误解的根源。中国人会难以接受西方人非友即敌的思路，西方人则可能认为中国人没有原则，只讲实用主义。

第一章 古代希腊思想中的理性主义

周文王向霍布斯介绍阴阳五行,霍布斯大概是饿了,问道:"这饼子的味道如何?能让我现在就尝一口吗?"

三、科学知识及其标准

西方理性主义传统中本质主义与逻各斯中心主义的特点，在柏拉图或者柏拉图笔下的苏格拉底的思想中已经有充分的体现。不过，无论是苏格拉底，还是柏拉图，他们的思想都还没有完全体系化，或者说，他们对知识的理解并不超越常识，而只是对常识的辨析和澄清。另外，除了灵活巧妙地使用辩证法之外，苏格拉底和柏拉图也没有对知识提出任何形式化的规定。况且，柏拉图的思想在他一生中实际上也经历了很大的变化。总体上看，越到晚年，他离巴门尼德所要求的那种严格遵循逻各斯规则的思想方法相去越远。这一点，从他晚年不再使用"理念"这个概念以及他在政治思想方面的著作《政治家篇》和《法律篇》中都可以看出来。

是亚里士多德从本质主义与逻各斯中心主义出发，对理性的知识即科学提出了一套严格的规定。从此开始，理性主义在西方成为人们建构知识体系的指导原则。亚里士多德在《形而上学》一书中提出的这种对科学的规定，直到现在依然是我们判定科学知识的基本标准。大体上说，在亚里士多德看来，科学就是一种分科之学，即分门别类之学。世界是一个整体，但我们可以，而且也必须把它划分为一些不同的部分加以认识和研究，因为在不同的领域，事物的确表现出不同的性质，也就对应了不同的知识体系。亚里士多德指出："一有多少种类，存在①就有多少种类。

---

① "存在"（ὄν, being）一词在亚里士多德哲学中处于核心地位，它同时具有"是"与"存在"两重含义，但在多数情况下，亚里士多德关注的是"是"的一面，即为何 A 是 A 而不是 B。形而上学研究的就是"是"的问题，因此，现在一般也把亚里士多德开创的这一研究称为 ontology，旧译为"本体论"，现在也有译为"存在论"的。

第一章　古代希腊思想中的理性主义

研究它们的是什么在种上属于同一门科学。"① 可见，科学的划分建立在对事物进行分类的基础上，亦即建立在对事物本质认识的基础上，是根据事物不同的本质对其进行的研究。所以，"科学"一词在亚里士多德眼中可能并不像在我们看来那么神秘。

这当然是亚里士多德创立各门科学时期的情况。它们的基础大致是按同一标准对事物进行相互排斥的划分，比如植物学和动物学，家政学、伦理学和政治学等。后来还出现了从不同角度对同一事物进行研究的科学，比如对人加以研究的生理学、心理学、营养学、教育学等，以及通过已有的科学相互交叉产生的交叉科学。但不管怎么说，科学就是从不同的角度、按不同的方式把世界这个整体的各个部分拆解开来，或者又把它们以不同的方式拼装起来进行研究。好比说，眼前有个杯子，我们从下面看它是天文学，从上面看它是地理学，把它拆开来看是物理学，打碎了看是化学，这就是分科。但其实杯子还是杯子。所以除科学之外，还应该通过哲学从整体上对世界加以认识和把握。

因此，按照亚里士多德的划分，人类的知识首先可以被区分为两大类，即从总体上对世界加以理解的知识，以及分门别类对世界万物加以认识和研究的知识。前者是总体性的知识即哲学，或者形而上学，后者则是各个门类的科学。其次，亚里士多德又把科学分为三个类别。第一类是理论的科学（theoretical sciences），包括逻辑学、数学和物理学等，这类科学的特点是它们并不涉及人与物的关系，也就是说，它们仅反映各种概念之间的逻辑关系。第二类是制造的或者说制作的科学（productive sciences），包括对各种技艺的研究，比如建筑学、造船学，这类科学的特点是涉及把人的意图

---

① 亚里士多德：《形而上学》，《亚里士多德全集》第七卷，第86页。

付诸实践的过程，因而涉及人和各种具体事物之间的关系，用亚里士多德本人的概念来说，就是制作者把形式因（formal cause）赋予质料因（material cause）的过程。对人而言，这是一种单方面的意志行为，因为被赋予形式的质料本身没有意志，就是说它不会抗拒，也不能选择。第三类是实践的科学（practical sciences），它们的特点是涉及人与人之间的关系，反映的是人与人之间相互联系与相互作用的规律，如政治学、伦理学等。美国政治思想家汉娜·阿伦特把 praxis（πρᾶξις）即实践当作最能体现人所独具的特性的活动，就来自亚里士多德对实践的理解。这里所谓的实践，其含义与现代的一般理解有较大的区别，强调的不是人与物质世界的关系，而是人与人之间的互动。可见，亚里士多德对科学的划分，既基于事物即科学研究的对象本身类别的不同，也基于对不同门类的科学自身不同性质的理解。就此而言，他比近现代那些迷信自然科学，并且试图用自然科学特别是数学的方法统一所有科学（包括人文科学，即亚里士多德所说的实践科学）的思想家要深刻得多。这一点下文还会述及。

简而言之，理论的科学关注的是与人的行动无关的问题，制作的科学研究的是人与物之间的关系，而实践的科学涉及的则是人与人之间的关系。亚里士多德认为，人与人之间的关系有其特殊性，因为关系中的双方都有自己的意志，他们中任何一方都不可能简单地、不受阻碍地把自己的意志加诸对方，就像制作的科学研究的对象，比如造船或者建筑活动那样。相反，他们彼此之间需要理解、沟通、说服，当然也可能有强制，但强制的时候，就必须考虑可能遭到的抵制和反抗。实践行为体现的这种人与人之间的关系，后来被称为主体间的（intersubjective）关系。

第一章　古代希腊思想中的理性主义

德国当代思想家哈贝马斯提出的交往行动理论（theory of communicative action），就是基于对人类行为的这样一种主体间性的认识，基于对主体性思想的批判。理解了亚里士多德关于实践的思想，就能够明白哈贝马斯的理论其来有自了。

不过，对于西方理性主义的历史来说，发挥了重大影响的并不是亚里士多德在外延方面对科学的描述，而是他从内涵方面对科学的基本特点的规定。这些规定大致包括四个方面的内容。

第一，科学研究的对象必须保持恒定不变，即"一切科学都以恒久存在的或经常存在的东西为对象，这里决不包括偶性"①。"不存在关于偶性的知识，因为全部知识或是关于长久或是关于经常的事物。若不然，怎么可能学习或传授他人呢？"② 表面上看，这里强调的是对知识本身的要求，即知识不可能针对那些变动不居的对象，但从深层次看，这种观点集中体现了本质主义对科学研究的影响。也就是说，科学研究一定要抓住研究对象身上那些恒定不变的即本质性的因素。比如说政治学的研究对象应该是国家的政体，因为政体是从政治学的角度来看一个国家恒定的因素，亚里士多德称之为国家的"形式"。如果政体变了，国家的性质也就发生了变化；在政体不变的情况下，国家人口的增减、经济的兴衰、统治者品质的好坏这些变动中的因素都不会对国家的性质产生太大的影响。（当然，实际情况未必如此。亚里士多德对此也非常清楚，并且在他的《政治学》中有十分具体的体现。这一点下一节再详细讨论。）

第二，科学研究的目标是理解事物的本质即共性，使用亚里士

---

① 亚里士多德：《形而上学》，《亚里士多德全集》第七卷，第255页。
② 同上书，第149页。

多德喜欢的术语,就是一与多中的"一"。为简化起见,我们下面还是统一使用"本质"这个说法。亚里士多德指出,思想的对象是个别事物之外的东西,即事物的共性。如果一切对象都只能依赖感觉把握,那就没有知识,也没有科学了。① 换言之,科学研究的目标不是了解感觉中而是思想中的对象,亦即概念。"一切可感觉的东西不断流变,关于它们,知识是不存在的。"② 可见,科学研究的目标与科学研究的对象在亚里士多德那里不过是同一事物的不同表达。科学要把握的是事物的共性或本质,也就是同类事物当中那些共同的、不变的东西,而对这些东西的认识只能依赖思想或者理性(νοῦς)而非感觉,后者只能抓取事物的表象即所谓的偶性。这种思想显然是受到了柏拉图的影响。科学研究的对象即事物的共性之所以不变,是因为它所反映的事物的理念不变;变幻无常的具体事物只是理念的投射,或者是对理念的分享。

第三,亚里士多德强调科学研究必须使用逻辑的方法进行,即研究者必须运用上面讨论的形式逻辑规则进行思考;科学的结论则必须能够用语言加以传授和表达,后来的英国思想家奥克肖特把这一对科学的要求称为形式表达即 formulate 的要求。③ 亚里士多德就此指出:"知与不知的标志是能否传授。所以,我们主张技术比经验更接近科学,技术能够传授而经验不能传授。"④ 这样一来,直觉的知识、感悟的知识即超验的知识,以及很多来自经验的知识,就都不能被归入科学,因为它们很可能不符合逻辑规则的要求,

---

① 亚里士多德:《形而上学》,《亚里士多德全集》第七卷,第74页。
② 同上书,第43页。
③ Michael Oakeshott, *Rationalism in Politics, and Other Essays*, Indianapolis: Liberty Fund, 1991, p. 12.
④ 亚里士多德:《形而上学》,《亚里士多德全集》第七卷,第29页。

第一章 古代希腊思想中的理性主义

庄子邀亚里士多德在云上咖啡馆小坐,庄子说:"你想喝点什么?我请客。"亚里士多德不好意思:"咱们还是AA制吧!"

也难以用语言进行清晰的表述——当然,这说的很可能就是同一类东西,恰恰因为它们不符合逻辑的要求,所以才不能形诸语言,即类似《庄子》中所说的"口不能言,有数存焉于其间"①的知识。当然亚里士多德本人很清楚存在着这类知识,而且承认它们的确有其价值,同时也非常有助于人们对科学知识的了解。比如说他不建议年轻人学习政治学,因为政治学的知识有很多就不是来自逻辑而是来自经验。②如果严格按照他对科学的规定,政治学中的那些知识就不能算作科学的知识。

在这一点上,中国传统思想恰恰体现出相反的特征。在古代的中国人看来,真正的知识恰恰是超乎语言的。换言之,能够通过语言表达出来的知识绝非最高深、最精妙的知识,而只是知识中比较浅近、比较皮毛的部分,虽然它能够为任何人所了解。中国人常常讲"书不尽言,言不尽意"③,就是说通过语言表达出来的内容与人的思想之间存在差距,或者说人总是不能通过语言完整地表达他的思想,因此总是存在所谓的言外之意。听者如果把某个人所讲的内容用文字记录下来,则记下来的东西又不如讲出来的东西那么生动贴切。所以真正的理解应该是从文字和语言出发,但又超越文字和语言本身。

其实,西方古典思想家们也注意到了书面表达的局限性。柏拉图之所以愿意采用对话而非论文的方式进行写作,恰恰就是因为他意识到了思想同语言和文字之间这种不能彼此穷尽、完全对应的关系。他更倾向于使用辩证法,即针对不同人不同的灵魂给

---

① 《庄子·天道》。
② 亚里士多德:《尼各马科伦理学》,《亚里士多德全集》第八卷,第5、129页。
③ 《周易·系辞上》。

第一章 古代希腊思想中的理性主义

予不同的启迪,而不是写下"僵死的文字"①。遗憾的是,这种对思想同语言和文字关系的理解,后来在西方理性主义思想的演变中渐渐遗失,直到当代思想家施特劳斯才又重新发现这一被历史淹没的传统,并试图加以复活。"写作的基本缺陷是缺乏灵活性。因为柏拉图与苏格拉底相反,他的确创造了作品,所以人们可以合乎情理地假设,柏拉图对话的意图就是以能够避免写作的局限的方式写作。……柏拉图的对话的确对不同的人说不同的话,而且它们也具有这种意图。"②

第四,亚里士多德要求科学的知识必须可以验证,即"科学具有可证明的品质"③。科学知识要能够证明自身,而所谓的证明,又必须能够为普通人的智识所接受。也就是说,对我有意义的东西对你也应该有意义,我发现的东西在同等条件下也能够被你发现。语言(包括各种人工语言,如数学符号等)是人用以传达信息的基本手段,因此知识能满足第四项要求的前提是它首先要满足第三项要求,即这种知识必须能够用语言加以表达,至于那些无法用语言表达的知识,自然也就谈不上验证的问题。

除此之外,可验证的要求还有另外一个方面的含义,即知识必须具有普遍性,因为所谓的可验证,不能仅仅是面向某个或者某些特殊的个体,也不能是在某些特定条件下的验证,而是面向任何人、在同等条件下的验证。换言之,知识的拥有者需要以合乎逻辑的方式清晰表达验证所需要的条件,而只要满足这些条

---

① 参见柏拉图:《斐德罗篇》,《柏拉图全集》第二卷,王晓朝译,第198—200页。
② Leo Strauss, *The Rebirth of Classical Political Rationalism: An Introduction to the Thought of Leo Strauss*, Chicago and London: The University of Chicago Press, 1989, p. 151.
③ 亚里士多德:《尼各马科伦理学》,《亚里士多德全集》第八卷,第123页。

件，原则上说任何人对这一知识的验证就可以成功。① 显然，要满足这个要求，就意味着从根本上排除了个体性的知识。说某个人独具慧眼、独具远见卓识，从科学标准的角度来看，就不过是故弄玄虚罢了，因为他所宣称的知识是一种不能为人们所分享、所验证的信息，所以至少不能称为科学的知识。就此而言，科学意味着一种智识上的平等主义。

亚里士多德上述对科学知识的规定或者要求，凸显的正是知识的普遍性、永恒性和确定性的一面，这些要求对于知识的传播、积累和发展应该说具有重大意义。知识只有在人与人之间彼此传授的基础上才能不断积累，也只有在不断积累的基础上，才能通过积极的创造而实现不断进步。亚里士多德鼓励人们去探索事物当中那些有规律的、恒定不变的东西，也就是所有人都能够理解、把握和体验的东西，并且鼓励人们把他们的发现用语言表达出来，传授给其他人，从而实现知识的传承和积累，后人则在前人的基础上继续创新。这就是知识进步的模式。西方在文艺复兴和启蒙运动之后，知识获得了全面的发展和进步，甚至是爆炸式的增长，除得益于自由宽松的政治环境之外，与人们自觉地根据亚里士多德所提出的要求对知识进行标准化的生产显然具有密不可分的关系。

大家知道，贝多芬中年就失聪了，但这并没有影响他继续创作。事实上，贝多芬最重要的作品都是在失聪之后写成的。这常常被作为一个经典案例，鼓励人们不怕困难，奋发进取。但人们

---

① 卡尔·波普尔后来提出的"证伪学说"对真理的规定与此类似，不过，他是以一种对可验证要求的否命题的方式提出他的"可证伪性"的要求的，即真理原则上可以被证伪。（参见卡尔·波普尔：《开放社会及其敌人》，陆衡等译，北京：中国社会科学出版社1999年版，第164页。）

第一章 古代希腊思想中的理性主义

不一定想到的是，作为和声与对位高手的贝多芬，即便不用耳朵听，也有充分的把握知道他写出的曲子听上去是什么感觉，因为他清楚他的写作符合音乐的规律。西方近代音乐发展到莫扎特、贝多芬的时代，已经有了大量的历史积淀，作曲家们手里拥有前人传承下来的丰富的音乐素材，也拥有经前人总结的系统化的音乐知识。也就是说，到了西方音乐发展的所谓"古典时代"，音乐创作已经成为一种亚里士多德意义上的科学。音乐家们因此主要是利用这些素材，根据音乐自身的规律，再加上自己的贡献以创作音乐，而不是凭空创造。这就是所谓站在巨人肩上的工作，或者说他们之所以成为巨人，是因为他们站得足够高，对前人的成就继承得足够多、足够好。因此可以说，失聪之后的贝多芬其实并不需要依靠自己的听觉，而完全可以凭借自己拥有的音乐知识去写作；他需要传达的主要也并非个体性的感受，而是用人们能够接受的音乐语言，写出人们能够共同享有的情感，因而是一种普遍的、客观的知识。这个例子可以表明亚里士多德对科学的要求产生了多么重要的实践结果——可以让一个聋人写出音乐，这就是亚里士多德确立的科学标准最大的贡献。

那么是否存在着个体性的知识呢？当然是存在的。所谓"登东山而小鲁，登泰山而小天下"[1]，指的就是人的知识和见识与个人的境界相关，倒过来说就是不同境界的人对世界会产生相当不同的理解。对这一点，庄子讲得很多，所谓"井蛙不可语于海者，拘于虚也；夏虫不可语于冰者，笃于时也；曲士不可语于道者，束于教也"[2]。因此，一个人学识的积累、修养的进步就在于

---

[1] 《孟子·尽心上》。
[2] 《庄子·秋水》。

能够不断地突破环境和条件的限制，不断地提升自己的境界，开阔自己的视野，终有一日能够"会当凌绝顶，一览众山小"。按照这样一种与亚里士多德不同的对知识的理解，有识之士并没有向众人证明自己的知识的义务，反倒是众人需要不断地自我完善、自我提升，才有可能体会圣贤之士的见识与智慧。

因此，中国传统上对知识的理解与西方理性主义非常不同，我们可以通过庄子讲过的一个寓言加以说明。齐桓公在自己的宫殿里看书，下面一个木匠在制作车轮。古代的车轮是把一块直木头弯过来做成圆形，而不是把一片圆木直接锯下来，那样不结实，一滚就散。这位木匠即轮扁工作之余斗胆问桓公：请问您在看什么书呢？桓公说：当然是圣人的书。轮扁问：圣人在哪里？桓公回答说：圣人已经死了。轮扁接着说：那您赶紧把这些书扔掉吧。恒公一听当然很不高兴，说：你居然诋毁圣人，除非讲出个道理，否则就要受到处罚。轮扁不慌不忙地讲道理，说：您看我做这个车轮的时候要把它揉成一个圈，这时得给它加热。可是加热的速度太快，木质会变脆，虽然坚硬但容易折断；加热的速度太慢，木质会变得比较柔软，但又不够结实。如何才能做到不快不慢，这个办法我自己当然是知道的，"得之于手而应于心"[①]，可是我没有办法用语言表达，所以连自己的儿子都教不会，这就是我七老八十还在这里为您制作车轮的原因。实在没有别的办法。圣人的思想和体会也一样，说出来的、写下来的，都已经变味。真正的不传之秘已经随圣人一起被葬入坟墓了。您读到的，只是古人留下的糟粕而已。后面的故事如何发展，庄子并没有继续往下讲。但估计桓公一听之下，恐怕也是无话可说，因

---

① 《庄子·天道》。

第一章 古代希腊思想中的理性主义

为他显然知道轮扁所言非虚,也许他自己就有类似的体验,当然肯定不会是做轮子。庄子通过这个寓言是希望表明,真正的知识是无法用语言传递的,而能够用语言表达的,恐怕只是一些没有太深意义的浅薄的知识。

关于这一点,中国先哲们的看法可以说完全一致。《论语·阳货》中记载,孔子一次讲课讲到半途,突然说我不想讲了。学生很着急,说:先生不讲,我们怎么做笔记呢?孔子反问大家:"天何言哉?四时行焉,百物生焉,天何言哉?"孔子的意思很明显,那就是真正的知识不是从老师那里听来的,因为它超乎语言,所以需要学生们通过学习与观察,自己体会和感悟出来。老子也说:"圣人处无为之事,行不言之教。"① 又说:"不言之教,无为之益,天下希及之。"② 他甚至认为:"知者不言,言者不知。"③ 因此老子主张:"始制有名。名亦既有,夫亦将知止。知止可以不殆。"④ 对老子这段话稍加引申,可以这么理解,即我们的确需要一些书本的知识,以及可以口头传播的知识,以启发民众、建立秩序,但差不多就可以了。如果一味执着于这类知识,反而会妨碍人们获得对自然对人世的真知,甚至走向反面,导致某些消极的后果。

中国人所追求的真正的知识,庄子称之为"天籁"⑤ 之声。要想倾听这种声音,需要做到"无听之以耳而听之以心;无听之以心而听之以气。耳止于听,心止于符。气也者,虚而待物者

---

① 《老子·第二章》。
② 《老子·第四十三章》。
③ 《老子·第五十六章》。
④ 《老子·第三十二章》。
⑤ 《庄子·齐物论》。

也。唯道集虚，虚者，心斋也"①。就是说，"天籁"不能用耳朵去听，而要用心去听；甚至也不能用心去听，要用"气"去听。因为耳朵只能听到有声之物，心只能感知有形之物，对于无声无形的"道"，只能把一切心思放下，在忘我中去体会。唐代人成玄英也说，真正的知识"不可以名言辩，不可以心虑知，妙绝希夷，理穷恍惚。故知言象之表，方契凝常真寂之道"②。这种知识无法表达，甚至不可思考；只有真正明白语言的表面性，彻底放下对语意的执着，用心去感悟，才能契合于宇宙万物的真理。

庄子还讲过一个知北游的故事。知（庄子起的不少名字都暗含讽喻之意，此处的知当读为"智"，即智慧之人，其实并不真的拥有智慧）出外游玩，向遇到的无为谓和狂屈两个人提出同样的三个问题："何思何虑则知道？何处何服则安道？何从何道则得道？"对这三个问题，无为谓没有回答，"非不答，不知答也"。狂屈的回答则是："予知之，将语若，中欲言而忘其所欲言。"虽然心里知道，但刚想说却忘记了，知还是没有得到回答。他回到帝宫，再把这三个问题抛给黄帝。黄帝的回答是："无思无虑始知道，无处无服始安道，无从无道始得道。"知很得意，对黄帝说：我们俩知道，而他们俩不知道，谁对谁错呢？黄帝答道："彼无为谓真是也，狂屈似之；我与汝终不近也。"并且进一步指出："夫知者不言，言者不知，故圣人行不言之教。道不可致，德不可至。仁可为也，义可亏也，礼相伪也。"③ 即真知不可形诸语言，道德也不可强求，至于仁义礼倒是可以人为加以规范，但也

---

① 《庄子·人间世》。
② 成玄英：《老子道德经义疏》。
③ 《庄子·知北游》。

第一章 古代希腊思想中的理性主义

已经包含了它们的反面。当一个社会需要依靠明确规定的礼来约束的时候,人与人之间的相互欺骗也就不可避免了。所以老子才说:"失道而后德,失德而后仁,失仁而后义,失义而后礼。礼者,道之华而乱之首也。"①

同样讲到音乐,中国古代最著名的就是钟子期与俞伯牙的故事。钟子期是俞伯牙的知音,举世间唯有他能听懂俞伯牙琴声所表达的内容,或者是"巍巍乎若太山",或者是"汤汤乎若流水"。钟子期去世以后,俞伯牙"破琴绝弦,终身不复鼓琴,以为世无足复为鼓琴者"②。与贝多芬不同,俞伯牙没有失聪,他失去的是唯一的听众。他破琴绝弦,是因为他认为失去了这位听众,他的音乐就失去了存在的价值。这就意味着,俞伯牙的音乐是高度个性化的,而不像贝多芬的乐曲那样,建立在关于和声与对位的普遍规律基础之上,因而成为一种可以脱离人的听觉而存在的、所有人都能够理解的"科学的"音乐。

钟子期与俞伯牙的故事表达的确实是一种非常精妙的感受和境界,但只能存在于他们两人之间,因此这种感受和境界虽然令人神往,却不可能为其他人所知晓与体会。俞伯牙弹奏的乐曲也可能比莫扎特、贝多芬更高明,但是只有钟子期能听懂,又只有他自己能创作出来。这就是中国出不了像西方那么多的音乐家、创作不出那么多音乐作品的原因——没有相关知识大规模地传播与积累,所以几乎每一位音乐家都要从头开始。当然,中国历史上也有知识的传播与积累,但一到高深处,大家就全都"欲语无言"了。

---

① 《老子》通行本中的表述是:"故失道而后德,失德而后仁,失仁而后义,失义而后礼。夫礼者,忠信之薄而乱之首。前识者,道之华而愚之始。"(《老子·第三十八章》)
② 《吕氏春秋·本味》。

四、亚里士多德的政治学

回到亚里士多德，这是一个十分复杂的人物。他在进一步发展了柏拉图思想中的本质主义与逻各斯中心主义的同时，作为一位实事求是的或者具有智识上的诚实（intellectual honesty）的思想家，他又在很多方面超越了自己。也就是说，作为思想家，他必须忠实于自己对事物的观察，以及这些观察的结果，而不能受到某种成见、党派、归属，甚至个人偏好与情感等的影响。亚里士多德说的"我爱我的老师，但我更爱真理"这句话，其实包含了很深的内涵，既解释了他对柏拉图的批判，更表明了他自己研究学术的基本态度。因此，就亚里士多德个人的研究来看，甚至也可以说"我爱自己，但我更爱真理"。

比如，亚里士多德虽然提出了科学的标准，但在他自己的政治学研究过程中，可以说又处处突破了这些标准。一个典型的例子就是他对政体问题的处理。按照他自己的规定，科学研究的对象应该是某种恒定不变之物，而对于政治学来说，这种恒定不变之物在他看来就是政体，因此他也认为，政体是一个国家的政治灵魂。但是，任何国家的政体实际上的确都在变化，这是古希腊所有政治思想家都很清楚的事情。或许可以说，正是因为古希腊城邦政体变化太快、太不稳定，思想家们才殚精竭虑，希望能够通过政治学的研究找到某种相对稳定的政治制度，即所谓的"最佳政体"。在这里，到底是通过理论来剪裁实践，还是让实践规范理论的问题再次出现了。亚里士多德用他的研究回答了上面的问题。实际上，他并没有像柏拉图那样，对政体的理论进行太多抽象讨论，而是花费了大量的精力来研究不同政体的变化，以及这些变化当中体现出来的规律。他甚至发现，由于一些具体的政治、经济和社会力量的影响，不同政体之下也会产生类似的政治结果。

因此应该公正地指出，虽然亚里士多德对科学进行了严格的规定，但他与近现代的"科学主义者"还是存在一些明显的差别。首先，如上所述，他清楚地了解各门科学之间不仅在对象上，而且在性质上各有不同，因此他强调不能用从事一种科学研究的方式来从事另一种科学的研究；特别是关系到人与人之间关系的政治学和伦理学等，更需要在理论的推演之外，注重实际的经验。其次，亚里士多德也注意到实践科学的对象具有多样性与复杂性的特征，所以一方面他强调科学研究的目标是事物的"共性"，即普遍性、永恒性和确定性，另一方面他在自己的政治学研究中，又对个体性、可变性和可能性予以特别的关注，强调"我们这种研究不应该只谈论普遍的东西，也要注重那些个别德性的原理"①。

正是因为亚里士多德十分注重政治现象和政治制度的差异性、特殊性及政治行为的实践性，读过他的《政治学》的人可能都会觉得这部著作十分琐碎。当然，一般认为《政治学》是亚里士多德的学生根据他的讲义整理的，并没有像《伦理学》那样经过他本人的审定。但即便如此，这部著作的琐碎还是超出了人们能够想象的程度。之所以如此，主要的原因恐怕就不是《政治学》出自学生的整理，而是政治学研究的内容客观上纷繁复杂、变化多端，使得任何人都无法赋予其一个简洁明晰的外观，而任何整齐

---

① 亚里士多德：《尼各马科伦理学》，《亚里士多德全集》第八卷，第37页。

划一的描述和规定都会大大地扭曲现实。

与之相适应，政治学的教育，其目的也就不是单纯地传授一般性的关于政治原则和政治体制的抽象知识，而是养成人们的政治智慧。亚里士多德对这种智慧进行了大量的论述，称之为实践的智慧（φρόνησις, practical wisdom），与理论的智慧（σοφία, theoretical wisdom）相对。根据亚里士多德的论述，实践的智慧具有以下三个方面的特点。首先，实践的智慧乃是关于个体事物的知识，也是直接面向具体实践的知识。"明智不只是对普遍者的知识，而应该通晓个别事物。"[1] 其次，实践的智慧并非来自理论的学习，而是来自实践的经验。"明智是实践的。理论与实践两者都为必要，但重要的还是经验，这里还要有某种匠心为指导。"[2] 最后，实践的智慧难以通过语言进行传授，因为"明智是种德性而不是种技术"[3]。

因为实践的智慧具有这几个方面的特征，所以理论学习对于养成这种智慧并没有太大的助益，它需要的是人们丰富的政治实践和阅历。也正是出于这一原因，亚里士多德多次表示，年轻人不适合学习政治学，因为无论他们如何聪明睿智，都无法弥补实践经验的相对缺乏。"青年人可以通晓几何、算术，在这方面成为智慧的，却没有人说变得明智。其原因在于明智不仅是对普遍事物的，而且是对特殊事物的，这须通过经验才能熟悉，青年人所缺少的正是经验，而取得经验则需较长时间。"[4] 他在另外的地方也表示："政治学不是青年人本应学习的课程，他们对生活尚无实

---

[1] 亚里士多德：《尼各马科伦理学》，《亚里士多德全集》第八卷，第127—128页。
[2] 同上书，第128页。
[3] 同上书，第126页。
[4] 同上书，第129页。

第一章 古代希腊思想中的理性主义

践经验,而这种理论来自生活经验并说明生活经验。"①

实际上,亚里士多德甚至承认:"明智显然并不是科学,……它们以个别事物为最后对象,只有个别事物才是行为的对象。……明智以个别事物为最后对象,它不是科学而是感觉。"② 如果实践的智慧不是科学,那么它自然也就不必具备科学知识所应该体现出来的那些基本特征,即普遍性、永恒性和确定性。正如亚里士多德自己所说:"关于行为的全部原理,只能是粗略的,而非精确不变的。……原理要和材料相一致。在行为以及各种权宜之计中,正如健康一样,这里没有什么经久不变的东西。如若普遍原理是这样,那么,那些个别行为原理就更加没有普遍性。在这里既说不上什么技术,也说不上什么专业,而只能是对症下药,顺水推舟,看情况怎样合适就怎样去做,正如医生和舵手那样。"③

可以看出,至少在政治学的领域范围内,亚里士多德关注的不是严整的理论,而是人们是否能够通过政治学的学习,了解政治现象的复杂性和多变性,增长其见识和能力,为可能的政治实践准备条件,并且在实践中进一步获得对政治的真切了解。就此而言,政治学的"目的不是知识而是实践"④。实际上,这样一种态度也符合亚里士多德本人对实践的科学的理解。亚里士多德认为,实践科学的对象,是"目的寓于其中的活动","例如在观看的同时就已经看到,在考虑的同时就已经考虑了,在思想的同时就已经思想了……好生活就是生活已经好了,幸福就是已经幸福

---

① 亚里士多德:《尼各马科伦理学》,《亚里士多德全集》第八卷,第 5 页。
② 同上书,第 129—130 页。
③ 同上书,第 29 页。
④ 同上书,第 5 页。

了"①。套用这一说法，在学习政治的时候人们就已经从事政治了，所以政治的学习本身就是政治的实践，这种实践的最终目标是让公民养成各种善德。"一切科学和技术都以善为目的，所有之中最主要的科学尤是如此，政治学即是最主要的科学，政治上的善即是公正，也就是全体全民的共同利益。"② 因此，政治学注重的不是思辨，而是行动，特别是对人自身的改变，是美德的养成和人格的完善。"我们当前所进行的工作，不像其他分支那样，以静观、以理论为目的（我们探讨德性是什么，不是为了知，而是为了成为善良的人，若不然这种辛劳就全无益处了）。所以，我们所探讨的必然是行动或应该怎样去行动。"③ 正是在这个意义上，亚里士多德认为"政治学和明智的品质相同"④。

政治学关乎人格的养成，或者说政治学讨论的是政治制度与公民品性之间的关系，特别是前者对后者可能产生的影响。因此，亚里士多德在政治学方面的终极关切，是如何为公民品性的完善寻找一种尽可能好的政治环境。在这个意义上，亚里士多德把《政治学》视为《伦理学》的下篇。不过，说到公民品性的养成，那就完全不是科学规划的产物，而是各种外部和内部条件综合作用的结果，完全是一个可能性而非必然性的问题了。苏格拉底有一句名言："知识就是美德。"这句话所说的是，鼓励学习知识并不仅仅是为了让学习者增长见识，或者增加实践的技能，而是促成其人格的完善。这样一种看法与中国传统思想倒是非常一致，与培根的名言"知识就是力量"形成对比。如果根据亚里士多德对于科学的定义，这样一种关于可能

---

① 亚里士多德：《形而上学》，《亚里士多德全集》第七卷，第 210 页。
② 亚里士多德：《政治学》，《亚里士多德全集》第九卷，第 98 页。
③ 亚里士多德：《尼各马科伦理学》，《亚里士多德全集》第八卷，第 29 页。
④ 同上书，第 128 页。

第一章 古代希腊思想中的理性主义

性而非确定性的知识就更不能被称为"科学"了。

亚里士多德在另一门实践的科学即伦理学中,对人的道德品性进行了广泛的探讨,并且展现出一种与以霍布斯为代表的现代西方人性论完全不同的对人的理解。在亚里士多德看来,人既兼具植物、动物的一些特性,又具有人的特性(后世的学者们也简单地称之为"营养灵魂""感觉灵魂"和"理性灵魂")。植物的特性使人能够从外界摄取营养,动物的特性使人能够获取希望追求的目标,而人的特性就在于人的理性和道德能力。① 在这里,亚里士多德思想十分重要的一个方面就是,他认为人身上那些植物和动物的部分,包括一些属人的部分,比如理性,是人生而具有的②,也可以说是来自自然,但还有另一部分,即人的道德品性的部分,却只能来自教育和培养。亚里士多德的名言"人本性上是政治的动物",只有在这一理论脉络中才能显现出其确切的含义。他以此希望表达的,并非人生来就具有争权夺利的本能,或者如霍布斯所说的那样,人只有通过与他人的斗争才能保障其生存所必需的基本条件,而是说人只有在城邦的环境中,即只有通过接受城邦的教育和培养,只有通过与其公民同胞的交往与互动,乃至只有通过参与城邦的公共生活,其道德品性才得以养成,其人格才有可能臻于完善。

如果说人的道德品性并非出于自然,而是必须通过人在社会

---

① 参见亚里士多德:《论灵魂》,《亚里士多德全集》第三卷,秦华典译,北京:中国人民大学出版社1992年版。
② 实际上,关于人的理性能力是出于自然还是出于后天培养,是人的一部分还是能够与人分离等问题,亚里士多德并没有给出清晰的回答,从而也在后来的学者中引起了大量的争论。参见大卫·福莱主编:《劳特利奇哲学史(第二卷):从亚里士多德到奥古斯丁》,冯俊等译,北京:中国人民大学出版社2004年版,第121—125页。

中所受到的教育和培养而形成,那么一个随之而来的问题就是:是否人在道德品性的完善方面就具有无限的可能性呢?亚里士多德并不这样看。他认为,人的道德品性虽然并不出于自然,但也不可能违反自然。或者说,道德品性的养成应该基于人所具有的某种潜能。亚里士多德明确指出:"我们的德性既非出于本性而生成,也非反乎本性而生成,而是自然地接受了它们,通过习惯而达到完满。"[①]

因此,西方思想传统中也把道德品性一类的东西称为人的"第二自然"。比如说,人的语言能力(当然语言能力并非道德品性)就是这样一种"第二自然"。人生下来都不会说话,但只要经过教育和培养,任何人都能够获得语言交往的能力。但是,人无论如何努力,都不可能学会飞翔,因为对人来说,这种能力违反了自然,或者说人并不具备这样的潜能。因此,从亚里士多德的观点来看,人性或者说人的道德品性养成的问题,就是一个可能性的问题,而对这个问题的理解决定了政治所具有的责任以及政治的可能性的边界。所谓责任,指的是一个政治体有义务通过相关的制度与实践,提升其成员的道德品性;所谓边界,则意味着政治体虽然拥有强制的力量,但也不可能通过暴力使人的情感欲望、道德品性违背自然。至于每一个人在人格的完善方面实际上能够达到什么样的程度,这就既取决于外部的环境(包括自然环境和制度环境,还包括历史文化传统等),也取决于个人的天赋与后天的努力。但无论如何,道德品性的修养只能一步一步向上攀登,同时这也是一个高度个体化的过程。就是说,有的品性有的人可以养成,而有的人也许就无法养成;有的人可以拥有这

[①] 亚里士多德:《尼各马科伦理学》,《亚里士多德全集》第八卷,第27页。

第一章　古代希腊思想中的理性主义

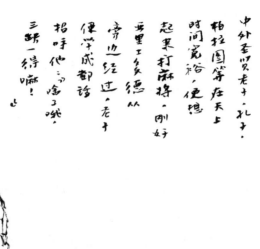

　　中外圣贤老子、孔子、柏拉图等在天上时间宽裕，便想起来打麻将。刚好亚里士多德从旁边经过，老子便学成都话招呼他："啥子哦，三缺一得嘛！"

样的品性，而有的人则可能拥有那样的品性。所以品性肯定不是可以普遍化的东西；越是崇高的品性，具备的人就越少。

亚里士多德这样一种从可能性的角度对人性的理解，与中国传统思想有诸多相通之处，这一点下文将详细探讨。至于在西方思想史上，随着中世纪基督教思想占据了支配地位，人的原罪及其灵魂的救赎一变而成为思想家们关注的核心，虽然有关道德品性的问题仍然以一种特殊的形式存在于基督教神学理论，特别是命定论与自由意志论的相关争论中，但只能处于一种十分边缘的地位。近现代西方思想虽然摆脱了宗教的束缚，但人的物质欲望而非精神追求又成为思想家们找到的阿基米德支点①，因为前者只是一种可能性，而后者才具有他们所要求的确定性。在西方，从可能性的角度对人进行全面的认识，要一直等到海德格尔才得以重新启航。

---

① 阿基米德曾经表示：给我一个支点，我就能撬动整个地球。

第二章
近代西方理性主义及其在政治思想中的体现

一、近代思想中的确定性问题

上文提到，亚里士多德是一位充满了矛盾的思想家。他确立了科学的基本标准，也就是对知识的规范性要求，或者说知识的"合法性"依据，但同时又清楚地意识到由此产生的知识本身可能具有的缺陷。其实类似情况在柏拉图身上同样有所体现，因此他在中晚年对自己早期的思想多有修正。在《政治家篇》中，柏拉图把政治比喻为编织术，意思是政治家要考虑到政治实践中各方面的复杂因素以及它们可能发挥的作用，然后再像一位高明的编织者一样，把它们编成一块美丽的织锦。显而易见，要做到这一点，不仅要求编织者心灵手巧，而且需要他实事求是，充分了解和考虑到手中每一根丝线的质地、色彩和长短粗细，也就是要从实际而不是单纯的逻辑与理性出发。至于他的《法律篇》，在烦琐程度上与亚里士多德的《政治学》堪有一比，以至于后人曾经有一段时间认为这部著作不可能出自柏拉图本人，因为它的文体与《国家篇》那种简洁、明快、优美的风格迥然相异。

这就说明，无论柏拉图也罢，亚里士多德也罢，他们的思想都有自身的复杂性和多面性。在理性与经验、理论与事实之间,他们虽然各自有不同的偏重,但还不至于完全顾此失彼。当然不可否认,西方理性主义传统中的本质主义和逻各斯中心主义这两项根本要素,的确是通过以柏拉图和亚里士多德为代表的古希腊思想家形成的,但他们的思想中还是掺杂了大量的其他因素。纯粹的理性主义的定型,则是近代思想家们的工作成果。

亚里士多德在近代早期西方思想家们那里受到的待遇本身就是一件很有意思的事情。从培根到霍布斯,亚里士多德都被视为传统形而上学思想的代表人物,而近代科学,特别是近代物理学,都是在否定亚里士多德相关思想的基础上建立起来的。在这个过程中,非常值得一提的就是伽利略的比萨斜塔实验。一种传说是,他为了反驳亚里士多德关于重的物体与轻的物体相比下落速度更快的观点,邀集了大批观众,当着他们的面把两个轻重不同的铁球同时从斜塔上抛下,这两个球如他预期的那样同时落地,伽利略实验因此被视为亚里士多德物理学破产的标志。但实际情况并非如此。根据记载,这两个球很"淘气",它们并未遵循重力规则,而是一先一后落到地上。当然,了解现代物理学的人都清楚,它们的确应该同时落地,伽利略不过是把他的公开实验演砸了。这次失败的实验使伽利略大失脸面,最后不得不辞去比萨大学的教授职位并且离开了这个城市。①

回到亚里士多德在思想史上的命运。有一段时间,他成为近代思想家们的众矢之的。比如说霍布斯。一方面,他对科学的理解严格遵从了亚里士多德的标准,他写作的《利维坦》更是一部比亚里士多德的《政治学》要"科学"得多的著作,因为这部著

---

① 参见海德格尔:《现代科学、形而上学和数学》,《海德格尔选集》,第868—869页。这篇论文不仅提到伽利略的故事,还讨论了近代实验物理学的特征及其与亚里士多德物理学的差别,并提出了很多富于启发性的观点。

第二章　近代西方理性主义及其在政治思想中的体现

作的推理之清晰、逻辑之严整无出其右者,以至英国政治思想家奥克肖特把《利维坦》称作"用英语写成的在政治哲学方面最伟大的,也许是唯一的一部巨著"①。但是另一方面,熟悉霍布斯文本的人都知道,他只要一提到亚里士多德,必定忘不了大加贬损,以表明自己对后者的蔑视甚至厌恶,并且刻意拉开两人之间的距离。比如,"我相信自然哲学中最荒谬的话莫过于现在所谓的亚里士多德的形而上学,他在《政治学》中所讲的那一套正是跟政治最不能相容的东西,而他大部分的《伦理学》则是最愚蠢不过的说法"②。

从上面一段引文来看,亚里士多德几乎全部的思想都遭到了霍布斯的否定。那么具体而言,亚里士多德思想中的什么因素或者哪些特征让霍布斯感到格格不入呢?这倒是一个不太好回答的问题。从霍布斯的著作来看,他反对最多的似乎是亚里士多德的实体论即本质主义。③ 但实际上,霍布斯的思想与亚里士多德的一样,都兼具经验主义和理性主义双重特点,而且他的理性主义色彩相比之下还要更为浓厚。霍布斯的思想方法是从某个经验事实——确切地讲是某个特定的理论目标需要的经验事实——出发,然后通过逻辑推演得出相应的结论。要是从亚里士多德的角度来看,他这么做或许是混淆了理论的科学与制作的科学和实践的科学之间的分别。不过在霍布斯看来,反倒是亚里士多德由于

---

① Thomas Hobbes, *Leviathan, or The Matter, Forme and Power of a Common-Wealth Ecclesiasticall and Civill*, Michael Oakeshott, ed., Oxford: Blackwell, 1957, p. vii.
② 霍布斯:《利维坦》,黎思复、黎廷弼译,北京:商务印书馆1985年版,第542页。
③ 比如霍布斯表示:"我的目的就是为了使人们不受那些人的愚弄,这些人根据亚里士多德那种虚妄的哲学搞出一套独立存在的本质的说法,用一些空洞无物的名词来吓唬人。"(霍布斯:《利维坦》,第546页。)

站在经验主义和理性主义之间,所以其经验观察不够彻底、理论推演不够严格。这一点从他对亚里士多德关于轻重物体分别具有上升和下落的动力这一理论的批判中可以看出来。①

实际上,霍布斯与亚里士多德的对立,更主要的恐怕还在于他们对知识本身有不同的理解。霍布斯本人在对人的认识方面,特别是在对人的欲望的认识方面,仍然表现出很强的本质主义特征。亚里士多德虽然对科学知识进行了全面的规定,但他又承认:"一切知识都是关于某种存在或种的,并对之进行考察,而不是关于单纯的或作为存在的存在,也不对它的是什么作出说明,而是由此出发,或者使它在感觉上更加明显,或者把是什么当作一个假设,这样或者较为必然地或者较为松散地证明他们所研究的种中固有的属性。所以很显然通过这种途径,得到的既不是实体的证明,也不是是什么的证明,不过是用另一种方式来显示。"② 这一段话表明,亚里士多德虽然对科学在形式上有严格的规定,但对知识本身的要求还是相对中庸的。也就是说,他并不指望绝对的、精确无误的知识,甚至也不指望能够通过科学发现"实体"或者"本质"一类的东西(关于"是什么的证明"),而只是希望通过人们的科学研究,在对自然和社会的理解方面能够更加清晰、更富有条理,即与纯粹通过经验获得的认识相比能够有所进步。亚里士多德本人也的确如其所言对待自己的研究,特别是在政治学方面,所以表现得十分谨慎、十分不确定。很可能正是因为这一事实,霍布斯认为亚里士多德的思想"荒谬""愚蠢","跟政治最不能相容"。

---

① 霍布斯:《利维坦》,第549页。
② 亚里士多德:《形而上学》,《亚里士多德全集》第七卷,第145页。

第二章 近代西方理性主义及其在政治思想中的体现

霍布斯最为心仪的科学是几何学。在他看来,"从古到今,几何学是上帝眷顾而赐给人类的唯一科学"①。他为何如此青睐几何学呢?霍布斯本人有一段解释:"几何学是自然科学之母……柏拉图是最高明的希腊哲学家,他的学派就不收那些在几何方面没有一定程度的人。有许多人研究这种学术使人类得到了很大的益处,但却没有听到提起他们的学派,同时也不曾有任何几何学家的派别,他们也不具有哲学家的名称。这些学派的自然哲学与其说是科学还不如说是梦呓,讲的那些话都是毫无意义的。一个人要讲哲学,如果不首先在几何学方面有很深的素养,就不可能避免这种情形。因为自然是通过运动发生作用的,不具有关于线与形的比例和性质方面的知识,就不可能知道这种运动的方式和程度。他们的道德哲学不过是在叙述他们的激情而已。"② 简言之,在霍布斯看来,几何学是一切科学的范型,因为它可以对线、形即事物的运动规则和运动轨迹以及事物的性质进行精确的描述,从而使人们获得关于事物的真正的知识而非"梦呓"。这就清楚他为何轻视甚至蔑视亚里士多德了——后者虽然创立了政治学、伦理学、修辞学、物理学、生物学等,但的确没有认真研究过几何学,更没有用几何学的方式来研究以上各门科学。

就是说,与亚里士多德那种让人看上去可能觉得似是而非的知识不同,霍布斯要求科学知识具有一种如几何学一般绝对的清晰度或者确定性。这种在人类思想史上尚未出现过的、对知识的绝对确定性的要求,又是如何产生的呢?

---

① 霍布斯:《利维坦》,第22页。
② 同上书,第541页。

从科学的发展史中人们可以了解到，自文艺复兴以来，经验科学已经得到了长足的发展，而且具有了相当的积累。实验物理学产生了，并且在此基础上开始技术化，当然首先是在军事领域。同时，马基雅维利也从经验或者说事实出发建立了一种新的政治学理论。但是，科学的发展并不能解决随着基督教信仰的削弱而产生的一个基本问题，即知识的确定性问题：如果知识不是上帝通过启示给予人们的，那么用什么方式来保证人们获得的知识是正确的知识呢？有学者一针见血地指出："对绝对确定性的追求，是对来自启示宗教的挑战的回应。在无可置疑的基础上建立一种坚实的、牢固的，甚至更为广泛的知识大厦的谋划，与关于特殊的神恩以及神迹（可能在任何时间与任何地方）对自然事件的世界的干扰的教义正相反对。一句话，可以说现代哲学意味着一种使哲学获得安全感的双重努力。"[①]

在人们认识到过往经验（无论这种经验多么丰富、多么无可置疑）并不能为知识的确定性奠定基础之后，笛卡尔采取了一种相反的路径，即通过普遍怀疑的方法来寻找知识的终极依据。他的逻辑并不复杂，除去那些可以被怀疑的东西，剩下的无可置疑的东西自然就是最具确定性的东西。在经过一番思想实验之后，他的发现是：人可以怀疑一切，或者说没有什么东西是不可怀疑的，除了一件事，即他不能怀疑他在怀疑这一事实，因为"我怀疑我是否在怀疑"这个表述在逻辑上不成立。因此笛卡尔认为，思想是一种无可怀疑的事实，"我思故我在"（*Cogito, ergo*

---

① Heinrich Meier, *Leo Strauss and the Theologico-Political Problem*, Marcus Brainard, trans., New York: Cambridge University Press, 2006, p. 60.

第二章　近代西方理性主义及其在政治思想中的体现

sum）。① 也就是说，笛卡尔相信，思想是知识的根本依据或者最终的基础。不过，严格地说，他指的并非一般意义上的思想，而是依据逻辑规则展开的思想，因此归根到底，逻辑才是知识的基础。海德格尔就此深刻地指出："笛卡尔进行怀疑，并非因为他是一位怀疑论者；毋宁说，他必须成为怀疑者，是因为他把数学性质②设定为绝对依据，并且为一切知识寻求一个与之相应的基础。问题不仅仅是要为自然领域寻找一条基本法则，而且要为一般事物之本质规定寻找最初的和最高的根本原则。"③ 那么，思想为何有此殊荣可以奠定这条基本法则，以及能够具备不受质疑的确定性呢？海德格尔的回答是，因为"只有当思想思考自身的时候，它才是绝对的数学性质的，即对我们已经从事之事的承认"④。换一个通俗的说法，就是思想要具备真正的权威性，只能由自己为自己加冕。

然而，逻辑真的能够成为知识的终极基础吗？我不能怀疑我在怀疑，因为这违反了逻辑规则中的矛盾律——我怀疑我是否在怀疑也仍然是怀疑，所以我还是处在怀疑当中。因此，笛卡尔是用了一条思想的规则来证明思想的确定性，但这种证明显然并不可靠。我当然可以怀疑我在怀疑，而且我也的确怀疑了，虽然逻

---

① 参见笛卡尔：《谈谈方法》，王太庆译，北京：商务印书馆2000年版，第27页及译者注。
② 海德格尔使用这个概念，指那些事先已经包含在某个命题内部从而能够被我们自然理解的东西，也就是由逻辑规则所导致的东西。
③ Martin Heidegger, "Modern Science, Metaphysics, and Mathematics," in *Basic Writings*, David Farrell Krell, ed., London and New York: Routledge & Kegan Paul, 1993, pp. 301–302；并参见海德格尔：《现代科学、形而上学和数学》，《海德格尔选集》，第880—881页。
④ Martin Heidegger, "Modern Science, Metaphysics, and Mathematics," in *Basic Writings*, p. 302；并参见海德格尔：《现代科学、形而上学和数学》，《海德格尔选集》，第881页。

辑规则不让我这么做。在这一点上，逻辑规则与道德法则的地位有相似之处，即它们可以禁止某种行为，但并不能证明这种行为不真实，它们可以容许某些行为，但同样也不能证明这些行为的真实性，因为真实性、正当性和合逻辑性完全属于不同的范畴。但无论如何，笛卡尔就是要以这样的方法为近代理性主义重新奠定基础，为那些心中充满不安、迫切需要确定性慰藉的人提供某种立足之地。如海德格尔所说："根据理性自己的要求，它现在被明确置放在一切知识的第一根据，以及事物确定性的指导原则的地位。"[1] 理性要用自己特有的方式证明，它就是自身的基础。

理性其实无法证明它就是自身的基础。因此从根本上说，笛卡尔最终确认的并非思想的确定性或者思想规则即逻各斯的确定性，而是思想的主体，即"我"在思想中的主宰地位。海德格尔就此认为："'我思'中的我此后就成为一切确定性和真理性的基础，而与此同时思想、命题和逻各斯也就成为对本质即范畴加以规定的基本原则。后者是通过'我思'这一指导原则，通过着眼于'我'而被发现的。'我'具有了为一切知识奠基的根本意义，因而成为人最突出的、最本质的定义。"[2] 这是现代主体性哲学最终得以确立的标志，也是把人从各种宗教和传统的束缚下解放出来的开端。

海德格尔强调指出，这种对自我的确认折射的是一种世俗化的基督教对于灵魂救赎的期待。这种对"我"的确认本质上是人对他自己的知识的确认，所以它反过来就预设了人即思想着的

---

[1] Martin Heidegger, "Modern Science, Metaphysics, and Mathematics," in *Basic Writings*, p. 304；并参见海德格尔：《现代科学、形而上学和数学》，《海德格尔选集》，第883页。

[2] 同上。

第二章 近代西方理性主义及其在政治思想中的体现

"我"的终极地位,由此才能由人自身而不是任何其他的实体或者力量(比如上帝)来对可知之物的确定性加以担保。正如海德格尔所说:"这一点得以发生的条件,就是由他自己并为他自己决定,对他来说,何为可知,以及对被认知之物的认识及确定意味着什么。因此,笛卡尔形而上学的任务就是:为人的解放,即为能够自我确认的自我决定的自由,奠定形而上学的基础。然而这个基础仅有确定性还不够,因为来自其他领域的尺度都被禁止了,所以它就必须同时还具有这样一种特性,即通过它,所要求的自由的本质也被表述为一种自我确定性。"① 因此,从根本上说,并非"思",而是"我",这个始终在场的我,才有可能成为人们所追求的确定性的根本保障,但这就意味着首先必须确认现世中的而非观念中的"我",因为无论古希腊哲学特别是亚里士多德哲学中目的论意义上有待完善的"我",还是基督教思想中渴望最终得到救赎的"我",都无法担此重任。在思想上,这将导致从基督教对堕落的人的全面否定,到近现代西方思想对现世的人的全面肯定。

霍布斯是笛卡尔的狂热崇拜者。在思想上,他的目标就是让政治学成为像几何学一样精确的科学。当然也像笛卡尔一样,他需要某个无可怀疑的出发点,或者说不证自明的前提,由此出发,他将用几何学的方法,即逻辑的推演,建构出一整套政治学的理论体系。被霍布斯找到的这个出发点就是人的欲望,特别是维持生存的欲望,因为这就是一个无可怀疑的事实。人皆有求生

---

① Martin Heidegger, "The Age of the World Picture," in Julian Young and Kenneth Haynes, trans. and eds., *Off the Beaten Track*, Cambridge: Cambridge University Press, 2002, pp. 81-82; 并参见海德格尔:《世界图像的时代》,《海德格尔文集·林中路》,孙周兴译,北京:商务印书馆2015年版,第118页。

的欲望，这固然可以说是经验观察的结果，但同时也具有逻辑上的自明性，否则人就不可能继续在世界上存在下去。显然，霍布斯在这里套用了笛卡尔的方法。类似于笛卡尔的"我思故我在"，霍布斯的立论可以概括为"我欲故我在"。笛卡尔确认的是"我"的思想，当然更重要的是"我"本身，而霍布斯则是在此基础上确认了"我"的欲望。霍布斯一再表示："人类的欲望和其他激情并没有罪。"① "没有欲望就是死亡"②，"欲望终止的人，和感觉与映象停顿的人同样无法生活下去"③。当然，仅有欲望还不够，因为这不足以把人与其他动物区别开来。霍布斯的政治学体系得以建立，还需要另外一项辅助条件，那就是人具有理性，因而可以找到维持生存的合理方法。政治学当然就是这些方法中的一种，不过与其他方法相比具有根本性的意义，即它可以为人们的和平共存提供终极性的答案。当然，人具有理性这一点，却不必基于经验观察，而可以出自人的定义本身。由此，霍布斯政治哲学的基础得以奠定。

除了维持生存的欲望之外，传统上理解的那些使人之为人的特质，比如亚里士多德所说的道德品性，在霍布斯的思想体系中又处于一种什么样的地位呢？霍布斯并不否认这些因素的存在，但认为它们的形成都需要特定的条件，因而并不符合科学研究所要求的普遍性、永恒性和确定性，不能构成政治学的必要前提，也不足以成为政治学考察的对象。从此以后，它们便被逐出政治学的殿堂。虽然这并不意味着人不再具有完善自己的可能性，但这种可能性不仅失去了在政治学以及一般性的思想研究中

---

① 霍布斯：《利维坦》，第95页。
② 同上书，第54页。
③ 同上书，第72页。

第二章 近代西方理性主义及其在政治思想中的体现

得到讨论的资格，也不再作为政治本身的内在条件和政治实践应有的责任。无论政治学的研究还是政治的实践，都对人的道德品性采取了"中立"的态度。当然，这样一来，从亚里士多德的立场上看，就等于把人降低到动物的层面了。施特劳斯正是在这个意义上说，与古代政治哲学相比，近代政治哲学的基础更低俗，但更坚实。①

二、霍布斯的简化与政治科学的建立

与笛卡尔相比，霍布斯当然算不上近代西方最典型的理性主义者，不过他对政治理论和政治实践的影响都要比笛卡尔大得多。这种影响就来自他所创立的、建立在近代理性主义基础上的政治科学。

那么与霍布斯相比，同样被称为近代政治科学奠基人的马基雅维利在思想史上又具有什么样的地位呢？培根对马基雅维利有一段著名的评论，即他以对实际存在的现象的研究替代了对应该发生的事情的研究。②用现代社会科学的术语来说，就是马基雅维利把政治学研究的对象从规范的问题转向了实证的问题。但是，从方法的角度来看，他至少有两个方面仍然停留在古典政治思想的基础上。一方面，虽然他更注重对政治现实的观察和描述，把国家的兴衰成败这些基本的政治事实而非抽象的政治原则和价值目标作为他最首要的关切，但他毕竟没有像霍布斯那样，把人的道德品性完全排除出政治学的视野。确切地说，他所

---

① Leo Strauss, *Natural Right and History*, Chicago and London: University of Chicago Press, 1953, p. 247.
② Francis Bacon, *The Advancement of Learning*, Oxford: Clarendon Press, 1926, p. 201.

做的是明确地把公民个人的道德品性与政治家的政治品质区分开来，而这一点实际上亚里士多德早就已经注意到了，即所谓好人与好公民的冲突。① 另一方面，马基雅维利的政治学研究依然采用了传统的经验描述和分析的方法，就此而言，他与亚里士多德并没有太大的区别。也就是说，他并没有把政治学"发展"为一门霍布斯意义上的科学。从这两方面来看，马基雅维利的"现代性"远不如霍布斯那么纯粹。

上面提到，虽然霍布斯对亚里士多德充满蔑视，但在构建政治学体系的过程中，他实际上是不折不扣地贯彻了亚里士多德对科学的规定。首先，亚里士多德要求科学必须选定某种恒定不变的研究对象，霍布斯的确找到了这个对象，那就是人的欲望。霍布斯相信，只有这种欲望恒定不变，伴人一生。人的欲望是霍布斯政治学的出发点，而对人的欲望的满足，也是他所理解的政治生活的基本目标。其次，亚里士多德要求科学必须研究事物的本质，这一点霍布斯也做到了。在他看来，权力欲是由人的生存欲望必定派生出来的一种寻求生存手段的欲望。人的一切活动（包括政治活动）的本质就是对权力的追求。如他自己所言："我首先作为全人类共有的普遍倾向提出来的便是，得其一思其二、死

---

① "亚里士多德认为，对好公民有两种完全不同的定义。在他更为人所知的《雅典政制》中，他认为好公民是为他的国家提供良好服务的人，这里他根本没有提及政体的差异。……在他较少为人所知的《政治学》中，亚里士多德认为，不存在不加限定的纯粹的好公民，因为似乎做一位好公民完全取决于政体。……但是，尽管好公民与政体相关，好人却没有这种相关性。"（Leo Strauss, "What Is Political Philosophy?," in *What Is Political Philosophy? And Other Studies*, Westport: Greenwood Press, 1973, p. 35；并参见亚里士多德：《政治学》，《亚里士多德全集》第九卷，第78—84、134页。）

第二章　近代西方理性主义及其在政治思想中的体现

而后已、永无休止的权势欲。"① 这种对权力的追求，也成为霍布斯在他的政治理论中用来调节人类行为的杠杆。当然在这一点上，霍布斯只是开了一个头，真正把这个杠杆利用得淋漓尽致的，是所谓的"商业共和主义者"，如孟德斯鸠和美国的立国者们。所谓"以权力约束权力"②，"用野心对抗野心"③，正是这种高超技能的表现。

至于霍布斯的方法，毫无疑问正是非常典型的逻辑推演。上面提到，奥克肖特认为霍布斯的《利维坦》是用英文写成的最好的政治学著作之一，原因就是它具有极强的逻辑性和系统性，读者如果接受了它的前提就很难不接受它的结论。就此而言，同样作为社会契约论者，霍布斯在理论表述方面可能就要比当代的罗尔斯高明得多，因为他的前提更简单、论证更清楚、结论更有力。罗尔斯的前提很复杂，还要通过所谓"反思的均衡"也就是思前想后对理论出发点不断调整。简言之，霍布斯的方法要比他干净利落得多。当然，这只是就理论表述的形式而言。

如果按照亚里士多德所确立的科学标准来衡量，霍布斯对这些标准的执行显然比亚里士多德自己还要严格，但亚里士多德对霍布斯的具体研究及其基本结论恐怕会非常不以为然，而且也许又会说"我爱标准，但更爱真理"。因为用亚里士多德的眼睛去看世界，看到的不仅是普遍性、永恒性和确定性，而且还有个体性、可变性和可能性，也就是事实与逻辑的不尽一致，在政治领

---

① 霍布斯：《利维坦》，第72页。此处的"权势"，英文原文是 power，即权力。参见 Thomas Hobbes, *Leviathan*, J. C. A. Gaskin, ed., New York: Oxford University Press, 1996, p. 66.
② 孟德斯鸠：《论法的精神》，张雁深译，北京：商务印书馆1961年版，第154页。
③ 汉密尔顿、杰伊、麦迪逊：《联邦党人文集》，第264页。

域可能尤其如此。因此，尽管霍布斯已经通过对人的欲望的确认，为政治学找到了一个确定的基础，但如果不采用某些特殊的方法，要真正把政治学科学化，用普遍的、永恒的、确定的规则来反映实际的政治生活恐怕是一件不太可能的事情。为此，他唯一的选择就是对复杂多变的事实加以简化，即用理论来修剪事实，而这正是亚里士多德所不愿意，从而受到霍布斯蔑视的事情。

霍布斯所进行的第一项简化是对人的行为动机，或者也可以说就是对人性的简化。人的思想、情感、追求和目标原本是一个多么丰富多彩的世界！我们可以回想亚里士多德的《伦理学》，它就是写人性的，讨论了人的各个方面，特别是人的品性即 virtue。《伦理学》的主题是人的品性的养成即人格的修养和提升，这是一个没有止境的过程。我们每一个人在各自所处的自然与社会环境中，依本人的天性不同，通过社会教育和其他人的影响，在人格养成的阶梯上一级一级向上攀登。在此过程中，人们的品质不断提升，视野不断开阔，人格不断完善。这些人格"进阶"的阶梯虽然有一个自下而上的顺序，但未必能够自上而下渐次还原。这就意味着，处在上面台阶上的人可以看到也可以理解下面台阶上的人的欲望和追求，但是他很可能不再会为这些欲望和追求所动，因为上面的台阶所体现的人格构成对他而言具有更大的吸引力；处在下面台阶上的人虽然可以仰望上面台阶上的人之所为，但却难以体会他们的理想、抱负和追求。因此，人格的阶梯也就是灵魂的阶梯。

第二章　近代西方理性主义及其在政治思想中的体现

施特劳斯正是在这个意义上认为，人的灵魂具有一种等级①，并且"从某种意义上来说，政治的前提是负责地、清楚地区分崇高的目的与并不那么崇高的目的，而这一点显然超越了政治。人类行为创造的事物，因而也就是可朽的、可败坏的事物，要以不可败坏的、不可更变的事物——比如人类灵魂的自然秩序——为前提，据此，我们才得以区分正确与错误的行为"②。也就是说，政治要受到哲学的指导。对此自由主义者可能不会高兴。当然，这里的"灵魂"需要进行广义的理解，即人的精神世界，而不是类似于中国传统思想中所谓的"受之于天"、不能改变的"性"。在后一个意义上，可以说无论亚里士多德还是柏拉图都不确定人的灵魂是否具有等级即人是否生而具有高低贵贱之别，因此柏拉图在《国家篇》中提出的关于人的灵魂由不同的金属构成的说法，他称之为"高贵的谎言"，目的只是让"理想国"中各色人等安分守己、各尽其职而已。③ 但是，他们都同意并且强调人在成就其品性修养方面的差别。这正如中国的儒家思想一方面强调"唯上知与下愚不移"④，另一方面又肯定"人皆可以为尧、舜"⑤。前者指的是从社会整体来看，人们在各自人格完善的过程中总是会处于不同的高度，不可能同步提升；后者指的是对每一个个体而言都始终存在的可能性。

关于人的灵魂，实际上也就是人的品性，希腊思想家进行过

---

① Leo Strauss, *Thoughts on Machiavelli*, Chicago and London: University of Chicago Press, 1958, p. 295.
② Leo Strauss, "Liberal Education and Responsibility," in *Liberalism Ancient and Modern*, New York and London: Basic Books, Inc., 1968, p. 13.
③ 柏拉图：《国家篇》，《柏拉图全集》第二卷，第386页。
④ 《论语·阳货》。
⑤ 《孟子·告子下》。

大量的讨论，亚里士多德的《伦理学》就是一部在这方面最具代表性的著作。亚里士多德提到人的品性有很多方面，像友谊、慷慨、爱、勇敢、诚实、公正，以及处于最高层次的恢宏大度（magnanimity）等。所有这一切虽然都体现为个人的特质，但它们的实现无不以其他人的存在以及人与人之间的相互关系和相互影响为前提。没有他人的存在，人们与谁相爱，跟谁建立友情、表达诚信，又对谁慷慨？就此而言，"一个孤独的漫步者"①永远不可能成为真正的人，所以亚里士多德说：一个离群索居的人，不是野兽，便是神明。②正是在这个意义上，亚里士多德说人是政治动物，当然也就是社会的动物（古希腊并不存在政治与社会的区分，这种区分是近代以后的事情）。既然如此，那么人们势必需要有一个稳定有序、公正合理的政治秩序，让人性的展开和完善能够拥有一个最适宜的平台。

与亚里士多德相比，霍布斯对人性与人的本质的理解显得极度贫乏，充斥他的视野的是各种各样的欲望。确切地说，他是把人的各种目的和追求都还原为维持生存的欲望及其不同的派生物了，他因此也成为近代功利主义的创始人之一。当然，也可以认为这是一种理论的策略或者表述形态，并不一定表明霍布斯对人性的丰富多彩一无所知。另外也需要看到，经过基督教一千多年的影响，受造者作为"罪人"的身份，也的确抹去了他们身上大部分古希腊罗马时代在思想和实践中展现出来的人性的光辉。不管怎么说，我们可以认为霍布斯对人性进行了极度的简化，简化到只剩一个条目，那就是生存的欲望，或者说对暴死（violent

---

① 卢梭的著作《一个漫步者的遐想》中的说法。
② 参见亚里士多德：《政治学》，《亚里士多德全集》第九卷，第7页。

第二章 近代西方理性主义及其在政治思想中的体现

death，突然死于他人之手）的恐惧。

这样对人性的简化当然带来了重要的政治结果，那就是政治的目的发生了根本性的变化，即不再是为人格和品性的提升提供必要的条件，而只是对人的肉身存在予以安全保障。在这个问题上，以霍布斯为代表的近代政治思想家与古代希腊思想家之间存在根本区别，对此施特劳斯提供了一个解释。他认为，霍布斯等人设想的是人与人之间关系方面的一种极端状态，即战争状态。在这种动荡不休、充满争斗的状态下，每一个人最根本的关切只能是自身的生存和安全，人格的完善自然无暇顾及，也无从谈起。"霍布斯的道德与政治学说建立在对极端情况的观察基础之上，他的自然状态理论赖以建立的经验是内战的经验。只有在极端的情形之下，当一切社会纽带都被彻底打断，一切社会秩序赖以立足的坚实基础才会显现出来，这就是对暴死的恐惧，人类生活中最强大的力量。"[①] 换一个角度来看，这个解释也说明了人类文明的脆弱性。只要一个稳定公正的社会秩序被打乱，人类的一切文明成果都会"归零"，因为文明的成果不同于人类在进化中形成的生理机能，后者可以通过遗传而继承，而前者却只能在文明本身中传递。

第二项简化是对人与人之间的差异的简化。如何理解人与人之间的平等与差异的关系，这是政治思想与政治实践中一个具有根本性的问题，对此，包括柏拉图和亚里士多德在内的古典政治思想家都非常清楚。他们一致认为，一种成熟的政治理论或者相对完善的政治设计，既要看到人与人之间相同的一面，又要充分

[①] Leo Strauss, *Natural Right and History*, p. 196; Leo Strauss, "What Is Political Philosophy?," in *What Is Political Philosophy? And Other Studies*, p. 47.

考虑到人与人之间相异的一面。当然，从某种意义上说，人与人之间的差异性很容易被观察到，因为人们在很多方面都各不相同。至于人与人之间相同的一面，则需要我们用心灵之眼去体认。换言之，我们用肉眼很难看清人与人之间相同的一面，因为平等是一种规范，是我们彼此相待的一种态度。

亚里士多德的政治思想对人与人之间相同的一面和差异的一面都予以了充分的考虑，这体现在他指出人与人之间的平等有两种，他分别称之为几何的平等和算术的平等。几何的平等注重等价交换，付出多少就得到多少。莎士比亚的话剧《威尼斯商人》中的夏洛克，要求欠了他高利贷的安东尼从身上割下一磅肉还给他。此举虽然显得野蛮而愚蠢，但体现的庶几可以视为几何的平等。杀人偿命，欠债还钱，这是社会交往的基本规则。可以看到的是，几何的平等强调的是某些可以等价交换的因素，比如劳动者用自己的体力交换相应的报酬。但是，如果交换双方之间在各方面都缺乏基本的平等，或者说存在着更大范围的不平等，比如市场上只有极少数的雇主，同时却存在大量迫切需要找到工作以挣钱养活自己的劳动者，那么他们之间劳动与报酬的交换就会表现出极度不公平的倾向，因此几何的平等需要受到某些外部条件的约束才能达成。这些外在约束之中，非常重要的就是算术的平等。

与几何的平等相反，算术的平等就是在整体上忽略人与人之间的差异，对他们一视同仁、平等相待。算术的平等基于每一个人都具有基本的人格和尊严这样一种价值规范；同时从实践上看，也只有保证了某种程度或者某些方面的算术的平等，才有可能使人与人之间的交换即几何的平等不至于失去起码的公正。以上述夏洛克的例子来说，他提出的用人肉偿还债务的要求之所以从直觉上让人反感，就是因为虽然这个要求不违反几何平等的原则，但却明显违背了人与人之间人格与尊严的算术平等。也正因为如此，夏洛克成为吝啬贪婪的小人的典型，而剧中安东尼的朋友也正是依照夏洛克的逻辑，以其人之道，还治其人之身，在法庭上要求他在割肉的时候不许多一分，也不许少一分，而且不能流下"一滴基督徒的血"，从而使夏洛克最终败诉并受到处罚。

除此之外，亚里士多德还从正义的角度考虑如何处理人与人之间的平等与差异的关系。亚里士多德认为正义有两种：一是分配的正义，一是补偿的正义。这两种正义具体如何体现，则需要联系不同的政体，因为不同的政体决定了对权力、财富、地位、身份、名望、荣誉等社会资源的具体分配形式即分配正义的原则，从而也就决定了不同的对其加以补偿的原则。比如在民主政体之下，分配的正义就是算术平等的原则，比如政治上一人一票的原则，那么补偿的正义就是几何平等的原则，即在做出政治决策或者分配政治权力时赋予那些出类拔萃的人更多的权重；在贵族政体之下，分配的正义是几何的平等，即只有出身高贵的人才能拥有政治权力，那么补偿的正义就是算术的平等，也就是在某些方面让每一位公民都有参与政治或者获得其他社会资源的机会。总而言之，原则上任何政体都必须同时兼顾人与人之间平等的一面与差别的一面，但不同的政体又应该有不同的偏重，否则就不可能长治久安。

美国当代政治思想家汉娜·阿伦特正是受到亚里士多德关于人与人之间平等与差异关系的思想的启发，认为政治的根本问题就是平等和多样性的关系问题，多样性当然就是差异性。人与人之间只有相互平等，才有可能相互理解并且在重要的公共问题上达成共识；同时正因为人们彼此相异，所以每一个人的存在，无论对自己还是对其他人而言，才有价值和意义。因此，在提倡人与人彼此平等的同时，也应该接受和鼓励差异性或者多样性，这样人的世界才丰富多彩，人们才有可能彼此欣赏、相互借鉴。①

中国传统思想同样非常重视人与人之间平等与差异的关系，虽然当时还不可能采用类似的概念。荀子有一段非常著名的讨论："水火有气而无生，草木有生而无知，禽兽有知而无义；人有气有生有知亦且有义，故最为天下贵也。（人）力不若牛，走不若马，而牛马为用，何也？曰：人能群，彼不能群也。人何以能群？曰分。分何以能行？曰义。"②

"水火有气而无生"，这是中国古代人的看法，有气但没有生命。"草木有生而无知，禽兽有知而无义。""义"在中国古代是一个含义非常丰富的词，包括最根本的伦理原则（孟子所谓"舍生取义"的"义"）、在具体情况下对相关伦理规范的选择（"义者，宜也"），以及什么样的人应该得到什么样的待遇的分配原则，相当于西方政治思想中的正义。荀子这里用的是第三层含义。"人有气有生有知亦且有义，故最为天下贵也。"使人超出天下万物的是什么？就是义。这类似于柏拉图提出的人何以能够支配其他动物的问题，当然柏拉图的结论与荀子不同。柏拉图认为人之所以为万物之灵长，是因为人有理性。荀子在此并没有说人是否有理性，只是说人有义。不过我们可以假定有义就必然有理性，因为没有理性就没有道理可讲，也就谈不上义与不义，所

---

① Hannah Arendt, *The Human Condition*, 2nd edition, Chicago and London: University of Chicago Press, 1996, p. 8.
② 《荀子·王制》。

第二章 近代西方理性主义及其在政治思想中的体现

以不妨认为理性是义的前提。其实亚里士多德正是这么看的。他认为，正因为人具有语言即逻辑和理性能力，所以人相应地才具有权衡利弊、辨别是非的可能。[①]

那么为什么有义就能"最为天下贵"呢？荀子没有直接回答这个问题，而是提出了另一个问题，并且给出了答案：人的力量没有牛那么大，跑起来没有马那么快，但可以役使牛马，原因是什么呢？因为人能够联合行动，合众人之力，而牛马则不能。荀子继续追问：那么人能联合行动的原因又是什么呢？这一次的回答多多少少有点出人意料，他没有说是因为人与人之间可以相互理解、彼此关爱、团结一心，而是说人与人之间存在着区别，即"分"。那么把人区别开来的原则又是什么呢？这才算触及了问题的核心，荀子的回答是"义"。

我们把这段话的逻辑顺序颠倒过来，就是说因为有"义"，人们才能相互区分，而人与人之间只有相互区分，他们才有可能联合行动。从逻辑上讲，人与人之间恰恰因为彼此不同，一个人身上缺乏的特质才有可能在其他人身上找到，相互合作也才有必要。就此而言，"分"是"群"的前提，且不需要"义"的介入。不过这体现的是一种自然秩序，而且是一种极其脆弱的自然秩序。如果缺乏某种相对稳定的政治安排，那么很可能由于参与者对合作成果的分配方案不一致，人与人之间的合作根本无法持续，甚至陷入冲突。正义原则即政治秩序的必要性也因而凸显出来。荀子谈论的就是这样一种政治秩序。"分"注重

[①] "其他动物也有声音，……而语言则能表达利和弊以及诸如公正或不公正等；和其他动物比较起来，人的独特之处就在于，他具有善与恶、公正与不公正以及诸如此类的感觉。"（亚里士多德：《政治学》，《亚里士多德全集》第九卷，第6—7页。）

的是人与人之间的差别，即不同的人得到不同的待遇，只有保证这一点，人与人之间的合作即"群"才有可能持续稳定地进行下去。当然，任何一种合作又都意味着参与者之间存在着某个方面的平等，所以"群"本身就包含了平等的一面。这样，一方面人与人之间的相同之处得到肯定，另一方面他们之间的差异之处也得到确认，每个人都感到各得其所，他们之间的争端才有可能被降到最低，合作的成果也才有可能最大化。所以群与分的关系实际上也就是平等和差异的关系，而能够把群与分的关系处理得当的原则就是"义"。荀子其实可以和亚里士多德有一个很好的对话，他们应该知道彼此说的是什么。

但是到霍布斯那里，人与人之间的差异被大大简化了。这就涉及霍布斯相当独特的平等观念。对霍布斯来说，人与人之间的平等固然是一种政治立场（虽然在他所处的时代，相对于当时的封建等级制度或者专制主义来说，这一立场本身就具有积极的历史意义），但比政治立场更重要的，恐怕是他的理论追求，因为霍布斯的平等观念是他的自然状态理论和社会契约论的关键。正因为人与人之间相互平等，所以自然状态才会成为一种无休无止的战争状态；也正因为人与人之间彼此平等，所以只有通过经由每一个人都表示同意的社会契约的过程，国家才有可能得以建立。因此，平等对霍布斯来说既具有政治上的意义，更具有理论上的意义。

霍布斯的平等观念之所以独具特色，原因在于两个方面。首先，他强调的并非人与人之间原则上或者说道德人格上的平等，比如援用基督教的观点，通过上帝面前人人平等这样的观念来证明人们在人格上的平等，像美国《独立宣言》所宣称的那

第二章 近代西方理性主义及其在政治思想中的体现

样,他所注重的是人实际的平等。其次,他也没有费心去正面论证人与人之间实际的相互平等。霍布斯清楚,要如此证明人与人的平等是一件很困难的事情,因为他们之间的差异而非平等才是一个众所周知的事实。所以,他采取的是一种相反的策略,即承认人与人之间存在着各种各样的差异,但同时又强调:一个人无论多么聪明睿智,也抵挡不住几个愚笨无知之人联合起来对他的算计;一个人无论如何英明神武,同样也战胜不了几个柔弱怯懦之人联合起来对他的攻击。[①]

那么霍布斯到底在说什么呢?难道他不是已经承认人与人之间存在着不平等吗?既然已经承认有人英明神武有人柔弱怯懦,有人聪明睿智有人愚笨无知,那怎么又能够宣称人与人之间是平等的呢?其实霍布斯真正希望表达的,并不是人与人之间有没有差别,而是说尽管人与人之间存在着差别,但是这种差别不足以使任何人取得一种压倒性的、不受挑战的优势,并使之获得绝对的安全、确定地免于暴死的恐惧,即改变自然状态那种无秩序、无政府的混乱,那种一切人反对一切人的战争,以建立一种和平稳定的秩序。因此,从理论上说,霍布斯这样一种非常特别的关于平等的思想可以保证一个结果,那就是人们日常感知到的人与人之间的差异,并不足以影响他的学说的正确性和有效性,当然也不会影响到在此基础上建立的政治秩序的合法性。

[①] 霍布斯写道:"自然使人在身心两方面的能力都十分相等,以致有时某人的体力虽则显然比另一人强,或是脑力比另一人敏捷;但这一切总加在一起,也不会使人与人之间的差别大到使这人能要求获得人家不能像他一样要求的任何利益,因为就体力而论,最弱的人运用密谋或者与其他处在同一种危险下的人联合起来,就能具有足够的力量来杀死最强的人。至于智力……我还发现人与人之间更加平等。"(霍布斯:《利维坦》,第92页。)

因此，霍布斯如此简化古代思想家高度重视的人与人之间的差异，其理论的关切其实是要寻找一种能够终结自然状态的途径，即能够而且也必须得到一切人同意的社会契约，同时这还是一种一经缔结就永远无法解除的契约。也就是说，他希望建立一种合法的、垄断全部权力而且不能被民众推翻的政府。这也是一些学者把霍布斯归于专制主义者的一个基本原因。按照他的推断，自然状态作为一切人反对一切人的战争状态之所以有望终结，是因为人们终有一天会认识到，一个人（当然也可以包括一群人）无论如何出类拔萃，单凭一己之力一己之智，都没有办法结束人们彼此之间普遍存在的敌对状态。这其实是一个很奇特的想法：突然有一天，一道理性之光照亮了所有人的内心，让他们"觉今是而昨非"。那么为什么是终于有一天才明白？如果人是理性的，那么他们应该从来就是理性的；如果人是非理性的，那么他们就永远都是非理性的。还有一种可能性，那就是有一个理性的成长史。但在一切人反对一切人的自然状态中，那又是不可能的，因为这种状态剥夺了人类文明发展的任何机会。正如霍布斯所言：在自然状态之下，"举凡土地的栽培、航海、外洋进口商品的运用、舒适的建筑、移动与卸除须费巨大力量的物体的工具、地貌的知识、时间的记载、文艺、文学、社会等等都将不存在"[①]。那一天到底发生了什么？与其说是理性的降临，不如说是神的启示在逻辑上更合理。

这当然只是霍布斯理论中的一个小问题，是他关于自然状态那种非历史、非文化的假定的结果。一个与此相关的问题就是自然状态和社会契约的历史真实性。霍布斯曾经表示，也许普遍意

---

① 霍布斯：《利维坦》，第94—95页。

第二章 近代西方理性主义及其在政治思想中的体现

义上的自然状态在历史上从来没有发生过,但是关于自然状态与社会契约的理论比历史还要真实,因为我们任何人都可以看到,国家一旦崩溃,人们马上就会退回到自然状态,而国家与国家之间的无政府状态事实上就是自然状态,亦即战争状态。① 当然,霍布斯的方法使他更注重事件之间的逻辑关系而不是事实本身,因为对事实的了解不是基于感觉就是基于记忆,原则上讲,它们都不如逻辑那么真实、那么绝对。如他自己所说:"不论任何讨论都不可能以对过去或未来事实的绝对知识为其终结。因为有关事实的知识在根源上是感觉,而此后则都是记忆。……他知道的不是一种事物与另一事物相连所形成的序列,而只是同一事物的一个名词与另一个名词所形成的序列。"② 他甚至明确表示:"有关的问题不是事实问题,而是公理的问题,所以与见证人无关。"③

当然,霍布斯关于自然状态的这一观点并非毫无道理。比如霍布斯自己所处的时代(当时欧洲有三十年战争),或者中国的春秋战国时期,的确都可以被称为霍布斯意义上的自然状态,或

---

① 霍布斯表示:"也许会有人认为这种时代和这种战争状态从未存在过,我也相信绝不会整个世界普遍出现这种状况,但有许多地方的人现在却是这样生活的。……不论如何,我们从原先在一个和平政府之下生活的人们往往会在一次内战中堕落到什么样的生活方式这种活生生的事实中可以看出,在没有共同权力使人畏惧的地方,会存在什么样的生活方式。就具体的个人说来,人人相互为战的状态虽然在任何时代都从没有存在过;然而在所有的时代中,国王和最高主权者由于具有独立地位,始终是互相猜忌的,并保持着斗剑的状态和姿势。他们的武器指向对方,他们的目光互相注视;也就是说,他们在国土边境上筑碉堡、派边防部队并架设枪炮;还不断派间谍到邻国刺探。而这就是战争的姿态。但由于他们用这种办法维持了臣民的产业,所以便没有产生伴随个人自由行动而出现的那种悲惨状况。"(霍布斯:《利维坦》,第95—96页。)
② 霍布斯:《利维坦》,第46—47页。
③ 同上书,第576页。

者一般而言，无政府状态就是一种自然状态，即人与人之间可能的或者实际的敌视与战争状态。但问题是：自然状态是如何终结的？是冲突各方突然良心发现，放下屠刀立地成佛？还是如霍布斯所设想的那样，大家突然变得十分理性，意识到无论哪一方都没有办法仅仅依靠自己的力量建立起一套稳定的秩序，所以各自都放弃了原来那种依靠自己保卫自己的办法，转而彼此约定集体交出自卫权，委托给第三方来为他们提供保护？又或者是其他原因？

霍布斯的结论自然是众人的协议导致了"伟大的利维坦（Leviathan）的诞生"①。但从我们的历史知识来看，情况可能相反，即实际发生的恰恰是被霍布斯视为不可能出现的那种情况，是冲突各方中力量相对强大的个人或者群体通过武力征服，在某个区域内建立了相对稳定的秩序。也就是说，任何一种政治秩序的诞生，都以其中一方战胜另一方或者消灭另一方为前提。在这个问题上，我们仅仅像霍布斯那样，断定理论比历史更真实是不够的，甚至是不严肃的。历史可以告诉我们很多事情。有一个最近的例子，那就是第二次世界大战之后联合国的诞生。新秩序的出现并非因为参战各方冲突到最后变得理性了，或者变得厌倦了，或者失去信心了，于是达成了一个停战协议，并建立了新的秩序。相反，这场战争既是一场利益之争，更是一场原则之争、理念之争。如果利益可以妥协的话，那么法西斯主义和民主主义之间的理念之争恐怕没有什么妥协的余地，所以任何一方都不可能放弃自己的立场与原则。在这里，我们再次看到了霍布斯的简化，他为了自己的理论的确定性，刻意屏蔽了人类社会政治生活的多面性和复杂性。

---

① 霍布斯：《利维坦》，第132页。

第二章　近代西方理性主义及其在政治思想中的体现

当然，霍布斯坚持通过社会契约建立国家这一点，除解决了国家的合法性问题之外，还从规范的意义上解决了国家目的的问题，即为保护公民的自然权利提供服务。前者为政治上的民主制打开了缺口，因为一个建立在所有人平等同意基础上的国家，理应在所有人平等同意的基础上得到治理；后者则使国家失去了任何自身的目的，无论其地位多么崇高，它都只具有工具的地位。也正是由于这方面的原因，又有人把霍布斯称为一位自由主义者。

再回到霍布斯与马基雅维利的关系。与霍布斯相比，马基雅维利只是描绘了政治中人的实际行为。他并没有像霍布斯那样，企图追求建立一套科学体系，并为此进行相关的理论工作，即一方面把欲望作为其理论的支点，另一方面对人性进行极度的简化。正因为马基雅维利描述的是人的实际状态，所以他的思想中充满矛盾。原因很简单——现实本身充满了矛盾，他要"如实描述"，就不可能掩盖这些矛盾。

马基雅维利在西方政治思想史上的命运很有意思。有人总结过，学者对马基雅维利思想的评价大概五十年有一个轮回：人们五十年颂扬他，五十年批判他，循环往复，直到今天。虽然时间上未必那么精确，但马基雅维利这个人毁誉参半的确是事实。比如在 20 世纪，主张语境主义的那些思想史学家把马基雅维利称为共和主义者，施特劳斯学派则把他视为邪恶导师。为什么会是这样？因为我们这个世界本身就是善恶参半，他只是如实地反映了我们的世界。他没有刻意修饰，也没有太多的剪裁。

总的来看，在近代政治科学的奠基方面，霍布斯的影响要比马基雅维利更为深远，因为是他通过对人性、对人与人之间的关系的简化，把政治学变成了一门现代意义上的科学。其实如果以霍布斯具体的政治思想，特别是政治立场本身而论，他已经落后于他的时代了。他对于秩序的过分看重、对于所谓的绝对主义国家的忠诚，都已经显得非常不合时宜，甚至连保守派都不愿与他为伍，革命派就更是自不待言。真正代表了当时主流政治思想的是洛克。

三、现代政治科学中的人性

可以说，霍布斯对西方政治思想的影响首先在于他的方法，在于他的思想方式，在于他体现出来的彻底的理性主义，特别是在于他对人性的简化。这种被简化之后的人，我们可以称之为"质点人"。

质点是经典物理学对物体加以简化的结果，也是其研究的对象。质点就是除质量和位置之外没有其他任何特性的空间中的点——它没有体积，没有形状，没有重量，当然更没有性格，没有声音，没有色彩。舍弃物理对象这一系列特征的结果，是经典力学即牛顿力学或者说现代物理学的诞生。我们在此可以比较一下亚里士多德的物理学与现代物理学之间的不同。前者要考虑物体的性质、大小、轻重——高贵的物体还是低贱的物体、清澈的物体还是污浊的物体、圆的物体还是方的物体，于是得出了一些现代人难以理解的结果，比如说轻清者在天，重浊者在地，圆周运动是完美的运动，等等。可以看出，亚里士多德的物理学是一种复杂的，甚至烦琐的物理学，因为他拒绝简化。之前提到伽利略从比萨斜塔上扔下两个球，试图证明亚里士多德物理学的错误

第二章　近代西方理性主义及其在政治思想中的体现

的故事。亚里士多德之所以认为重的球应该先着地，就是因为他考虑了两个球的大小和重量。

虽然伽利略的比萨斜塔实验并没有真的获得成功，但现代物理学却成功了。在这里，物理学家们可以像霍布斯一样自负，宣称理论比事实更真实。阿基米德有一句名言："给我一个支点，我就能撬动整个地球。"这句话让近代的物理学家们来说恐怕更合适，因为他们确实是以一种简单明了的方式对物理世界进行了相对精确的描述。当然，物理学家们进行的简化并非随意而行，他们是把那些对物体的运动没有明显影响的因素舍弃掉，而把对物体的运动特性产生根本影响的因素保留下来，这就是位置和质量。对物理学家，至少对经典物理家来说（因为量子力学不会这么看），一个物体的大小、形状、色彩，以及它与研究者之间的关系，在我们可观察的范围内，不会对物体的运动产生太大影响。当然事实也的确如此。所以牛顿力学因为其简洁明快的逻辑、显而易见的实效而被人们广泛接受，建立在牛顿力学基础上的现代科技也为我们这个世界带来了翻天覆地的变化。

霍布斯实际上就是在政治学中复制了一个牛顿力学体系，两者之间的相似性非常明显：质点对应于经过简化之后的个人，惯性对应于人维持生存的欲望，力对应于权力。霍布斯对人性的简化，遵循的也是与经典力学相同的原理，即把那些他认为人类身上对其行为模式不会产生重要影响的因素或者会把人类行为模式复杂化的因素简化掉，而把在他看来对人类行为产生重要影响的因素同时也是可以使他们的行为整齐划一的因素即人维持生存的欲望保留下来。唯一的遗憾就是他还不能把政治学数学化，这个遗憾在一大批政治学家当中一直持续到现在。

对人类行为产生重要影响的东西到底是什么？这个问题恐怕相当复杂，而且不同时代的人、同一时代的不同人都会给出相当不同的回答。比如说在亚里士多德看来，人身上最重要的，也就是使人作为人区别于植物和动物的，恰恰是人的"第二自然"，因为单纯的维持生存的欲望，就连植物也都具备，为了实现其欲望而采取相应行动的能力，动物也具备。当然生存的欲望对人来说很重要，而且每一个人对此都很清楚，哪怕是对那些具有更高层次生活目标的人来说也是如此，因为如果不能维持其肉体的生存，那么任何高尚的追求也都无从谈起。或者对于那些为了更崇高的事业而牺牲了生命的人来说，只要还有其他的可能性，他们也必定不会放弃自己的生存。换言之，生存的欲望是在任何人身上都可以被观察到的、最确实的心理甚至生理事实，是一个亘古不变的因素，如同物体的位置和质量一样。既然如此，那么用维持生存的欲望来理解人的所有行为，是否像通过物体的位置和质量来理解物体的运动规律那样普遍有效呢？恐怕未必。

美国心理学家马斯洛提出过一套人的需求层次理论，认为人的需求从低到高分为生理需求、安全需求、爱和归属、尊重以及自我实现等五个层次。① 他描绘出的是一个人的需求也就是欲望的金字塔。这个金字塔大概包含两个方面的含义。一方面，它意味着下面的需求层次会比上面的需求层次更基础，人们在满足其需求的时候就像攀登台阶一样往上走，只有在下面的需求得到满足之后才会产生上面的需求。这类似于中国人所说的"仓廪实则

---

① Abraham H. Maslow, *Motivation and Personality*, New York: Harper & Row, Publishers, 1954.

知礼节,衣食足则知荣辱"①。当然,这里所谓的高与低,既反映了不同需求之间客观上的次序,同时也反映了一种价值序列或者说伦理层面的高下之分。另一方面,在这个金字塔中,越往上走剩下的人越少,即能够产生高级层面的需求并获得满足的人会逐渐减少。这个需求金字塔的意义与霍布斯对人性的理解明显不同。当然,或许能为霍布斯做一个辩解,说那是因为他抓住了所有人共通的东西,即金字塔最底层所有人都共有的对生存的需求,抓住了根本,就能够对所有人的行为提供一种普适性的说明。但是,实际情况似乎并不尽然。我们可以指出两个方面的原因。

一个原因是,那些已经攀登到金字塔上面层次的人有可能为了某些原因而牺牲他们相对低级层次的需求。也就是说,对这些人来说,一旦攀登到某个足够高的层次,他们整个需求层次的结构就颠倒过来了。我们可以看一看中国古代的教育方式,会发现一个很有意思的现象。也许是因为中国人对自己传统的知识,其实也就是道德体系,具有高度的自信,所以引导小孩子念书的时候会告诉他"书中自有颜如玉,书中自有黄金屋,书中自有车马轿,书中自有千钟粟",但大家并不担心小孩子就会学坏,一生只知道追求金钱、美女、官位、权势,学会知识之后就以此作为资本去挣钱、做官,为自己谋利益。为什么不担心呢?是因为大家都相信只要一个人真正去读书,特别是圣贤书,而且读进去了,那么他就会不断超越那些低级的欲望,他就会视金钱、美女、官位、权势如粪土,自然不可能为了这些东西殚精竭虑;因为他有了更高级、更重要的追求,他就会以天下、国家为己

---

① 《管子·牧民》。

任,甚至为此付出自己的生命也在所不惜。这就好比裴多菲的那首诗:"生命诚可贵,爱情价更高。若为自由故,两者皆可抛。"

就是说,对这些人来讲,当他们还没有攀爬到更高的需求层次的时候,物欲的东西可能的确最重要,一旦他们登上更高的台阶,这些东西的重要性反而降低了。当然他们不会随便拿生命去冒险,但生存与其他追求相对而言的重要性发生了变化,如果只能二者择一,他们就有可能选择放弃生存,至于其他方面的欲望就更不用说了。正如孟子所说:"生亦我所欲也,义亦我所欲也。二者不可得兼,舍生而取义者也。"① 因此,要解释一个人的行为或行为动机的话,仅仅从生存欲望出发恐怕是远远不够的。

第二个原因涉及个体行为与群体行为的关系。在现代社会科学中,普遍存在一种简单的还原论,或者说方法论的个人主义。也就是说,人们常常会通过个体行为来解释社会行为,而当个体行为表现出差异的时候,人们就看多数人的行为。我们在此不对这种方法的有效性进行一般性的讨论,只需要考虑一下:这种还原的或者说统计的方法,在多大程度上有助于我们了解和认识一个社会?比如孔子是中国传统文化的象征,在古代被称为"至圣先师"。但是,孔子活着的时候却四处碰壁,不受欢迎,"再逐于鲁,伐树于宋,削迹于卫,穷于商周,围于陈蔡之间"②,可以说走到哪里都是"累累若丧家之狗"③。所谓的"君子固穷"④,就是孔子人生最好的写照。这样一个人肯定不代表这个社会的大多数,但是他改变了中国的历史。

---

① 《孟子·告子上》。
② 《庄子·山木》。
③ 司马迁:《史记·孔子世家》。
④ 《论语·卫灵公》。

第二章 近代西方理性主义及其在政治思想中的体现

因此可以说,霍布斯的简化的确抓住了对大多数人甚至所有人来说都发挥作用的因素即维持生存的欲望,但人与物理学研究的对象是不同的。在物理学看来,质点这个概念之所以有意义,一是因为位置与质量的确对物体的运动特征产生了根本性的影响,二是因为质点可以进行统计,即简单的加减。人在这两个方面都与质点有明显的区别。一方面,在有些人的价值体系中,虽然物质欲求对他们依然是生存所必需,他们也不会否认这些东西对他们的重要性,但由于他们已经看到了更重要的价值,物欲的相对重要性下降了,因而维持生存的需要对他们的行为来说也就不再具有充分的或者说唯一的解释力。另一方面,对人来说,很多时候不能进行简单的加减,不能仅仅以数量说明问题。在人类社会中的确存在着这样的可能,也存在着这样的事实,即恰恰是那些能够超越物欲的少数人支配或者说改变了整个社会的进程。

这就是霍布斯的问题所在。按照他的理论,在自然状态下,因生存欲望的驱动,"质点人"受惯性定律的支配不断追逐权力,至死方休。除对权力的欲望、由此而获得的权力以及此后又进一步触发的欲望的大小不同之外,他们再没有其他方面的差别。他们的能力即权力的确有大有小,但并不足以使他们建立起对其余的人稍微稳固的统治,从而获得相对的安全感。在这种情况下,一个人的权力越大,掌握的资源越多,他所面临的威胁其实也越大,这就是所谓的"安全困境"。在国家状态之下,作为利维坦的国家与个人相比具有压倒性的权力优势,"质点人"之间的相互关系因而得到国家的调节和约束,他们之间的冲突得到控制,战争得以避免。当然可以推断,很多人对权力的欲求并不一定会因此被减弱，但权力已经从人们彼此之间相互敌对的工具转化为创造社会的文明成果的动力。无论如何，可以清楚看到的是，霍布斯的理论体系得以建立，一个基本的前提就是他对人性的差异在上述两个方面的简化。如果人除了维持生存之外还存在其他的欲望和追求，并且这些欲望和追求不能被还原为前者，同时人与人之间的差别也可能导致一些不同的社会后果，即人实际上并不能被"质点化"，那么他的逻辑体系就会坍塌。

霍布斯开启了他的时代。他这样一种对"质点人"的理解，亦即他的平等观念，成为现代平等主义的基础。具体而言，以霍布斯为代表的平等理论，对现代西方政治社会发挥了一种基础性的建构作用，使人与人之间相互平等的理念替代了封建社会的血缘和等级观念，成为现代西方政治制度和政治实践的基本原则。虽然不同的思想家对人与人之间的相互平等有着不同的理解，或者他们也不否认人与人之间实际存在的能力、知识和道德水准的差异，但总体上看，他们并不承认也不相信这些差异会导致明显不同的政治结果。这种理念的政治体现就是公民的政治平等，是一人一票的政治原则，也就是现代的民主政治。这恐怕是霍布斯所产生的更深远的政治影响。

必须承认，相对于西方历史上的任何一种政治安排，包括古希腊的城邦制度、古罗马的共和国和帝国、西欧的封建制，以及相对短暂的专制主义，现代西方这样一种建立在公民政治平等基础上的民主制从各方面来看都具有明显的优越性，因为它通过一系列特殊的政治设计，特别是国家与社会的区分，以及对公权力的限制，在可能的最大限度上，实现并保障了每一个个体的人即公民的自由、独立和尊严，从而也在一定程度上平衡了人的平等

第二章　近代西方理性主义及其在政治思想中的体现

与差异之间的关系。当然下文还将指出，这些制度安排并非完美无缺，而是存在某种先天的局限。但无论如何，现代民主制的建立意味着历史的巨大进步，也是人类社会在平衡政府对社会的管理与社会对政府的监督方面取得的一项重大成果。

当然，建立在公民政治权利平等原则的基础上，通过一人一票的制度形式体现出来的现代民主制，也不必然要求公民在政治上各方面完全平等，因为这样并不符合政治的基本规律。一种由公民自我管理的国家，虽然听上去极富吸引力，但在逻辑上是一件自相矛盾的事情。其实，霍布斯本人也并不是民主制的支持者，相反，他心仪的是权力相对集中的君主制国家。① 从实际情况来看，一种相对成熟的政治制度设计不可能不考虑一些政治安排，以体现或者借助人与人之间的差异性，达成各种社会要求和政治力量之间的平衡，甚至现代民主的标准形式即代议制也是平衡人与人的平等与差异的结果。比如在美国联邦政府的政治制度设计中，众议员与参议员不同的当选年龄与任期、最高法院法官的非民选性质，甚至总统选举投票的计票方式等，都是宪法制定者在这方面考虑的体现。只不过在现代政治的话语体系中，这类建立在人的差异性基础上的政治考虑和政治设计大多数时候只能做不能说，不能拿出来公开宣扬，因为这在政治上不正确。人们所熟知的自由主义意识形态强调的都是人们相互平等的一面，比如美国的《独立宣言》就宣称"人人生而平等"（all men are created equal）。但是，什么是平等？在什么方面平等？怎么实现这种平等？这些都是一系列在具体的政治实践中会导致无穷争议的问题。可以说，平等已经成为现代政治中的一个"迷思"（myth）。

---

① 霍布斯：《利维坦》，第114页以下。

虽然人们愿意相信它，也愿意推动它，但更需要理解它。

现代意义上的公民平等观念奠定了民主制度的合法性基础。正是这种质点式的对人的理解、对人的差异的简化，使对人进行统计成为可能。我们说三个人比两个人多，比五个人少，这意味着什么呢？就是说人，而不仅仅是人"数"，可以相加减。但是，如果我们同意人与人之间存在着不可简化的差别，那么这种比较就没有太大的意义，我们也就不能对他们的数量进行简单的相加或者相减。虽然每一个人都有一个相对确定的物理边界，不可能发生类似原子那样的聚变或者裂变，但三个人毕竟不是三块石头。三个人相加可能等于零，因为他们互相矛盾、互相冲突、互相打斗，所以一事无成。三个人相加也可以大于三，因为他们通过团结协作，做到了他们分开来没有办法完成的事情。

这里可以简单介绍一下英国思想家密尔的理论。密尔是一位功利主义者，也是从霍布斯开始的政治功利主义思想的集大成者。功利主义把一切道德和价值范畴都还原为快乐和痛苦，即认为所谓的善不过是那些能为人们带来快乐的东西，而恶则是各种给人们带来痛苦的东西。用善与恶来称呼它们，仅仅是人们为其贴上了道德的标签而已。功利主义的这种思想导致一个结论，即在以快乐和痛苦为依据对人的各种情感反应进行还原并加以赋值之后，就可以对它们进行简单的加减。因此，政治功利主义主张，对一项政策的效果进行评估，最科学的标准就是对其为人们所带来的快乐与痛苦进行加减之后所剩余的值。英国功利主义者边沁据此提出过一个非常有名的观点，即政治的目标就是实现最

第二章　近代西方理性主义及其在政治思想中的体现

大多数人的最大快乐。① 密尔原则上赞同功利主义的基本立场，但又对其进行了一些重要的修正，因为他意识到，虽然人皆有喜怒哀乐，但不同的情感反应从层次上看还是非常不一样的，也就是说，快乐和痛苦存在着不同的等级，它们之间可能具有质的差别，因而不可能进行简单的还原和加减。② 比如说，逃避劳动、贪图安逸得到的快乐与努力工作为社会创造价值得到的快乐，吃饱喝足得到的快乐与帮助他人得到的快乐，都不属于同一个等级，也就不能简单相加。如果连快乐和痛苦都有等级差别，不能简单加减，那么对作为这些情绪或者情感主体的人，反倒能简单地进行加减吗？

最后再讨论一下霍布斯与亚里士多德的政治学说旨趣的不同。可以看到，霍布斯政治学说的目标，就是而且也只是建立一种相对稳定的政治秩序。这一方面固然出自他所处的动乱年代的要求，另一方面也与当时自由主义思想对政府职能的认识相关，即政府只需要为社会扮演"守夜人"的角色。亚里士多德虽然也把政体的长治久安作为政治学研究的主要任务，但如上所述，他真正关心的是如何保证公民过上良善的生活，达致人格的提升。因此对亚里士多德来说，秩序当然必要，但仅有秩序还不够。一个只能保障基本的公共秩序而不能为公民良善的生活提供相应基础的城邦，就类似柏拉图所说的"猪的城邦"③。把秩序与良善的生活区分开，也就是把政治与道德区分开，进而把国家和社会区分

---

① Jeremy Bentham, *First Principles Preparatory to Constitutional Code*, Oxford, New York: Oxford University Press, 1989, p. 3.
② J. S. Mill, "Utilitarianism," in J. M. Robson, ed., *Collected Works of John Stuart Mill*, Vol. X, Toronto: University of Toronto Press, 1969, p. 211.
③ 柏拉图：《国家篇》，《柏拉图全集》第二卷，第331页。

开,并且对政治的领域进行严格的限定,这既是培根所说的现代政治学的科学性之所在,也是现代政治理念的本质之所在。这样的政治理念以及相应的制度设计到底是一种进步还是一种倒退,或者说在哪些方面进步又在哪些方面倒退,这其实是一个值得深入讨论的问题。

当然,亚里士多德并不主张借助国家之力对公民进行全面的思想道德控制,这是现代极权国家的做法。其实在他看来,公民道德的完善、品性与人格的提升,首先是公民自己的事情。政治生活之所以重要,原因仅在于两个方面:第一,公民只有通过公共生活、通过与其他人的交往和互动,才有可能在道德和人格上完善自己,而一种稳定温和的政治秩序以及公民之间的相互关系可以为此提供基本的外部条件;第二,城邦政体决定了公民之间相互关系的基本形态,从而也就定义了不同政体之下人们对主流的公民德性的理解,这对于公民个人道德品性的养成不可能不发生重要的影响,这涉及下文会讨论的政体与公民品性的关系以及好人与好公民的关系问题。从根本上说,城邦对公民而言只是幸福生活的手段或者外部条件,并非目的。因此在亚里士多德看来,沉思的生活才是最幸福的生活,而这种生活之所以能够让人达到幸福的顶峰,恰恰是因为它最终可以让人摆脱对外部环境的一切依赖,从而实现个人真正意义上的独立。[①]就此而言,个人人格的完善在亚里士多德看来似乎是一个借助政治最终又超越政治的过程。当然,这个问题远不是那么简单,这里也无意把古代希腊城邦的政治生活提升为一种人类的政治理想。实际上古代希腊政治本身存在着诸多明显的缺陷,不过这里就不去展开了。

[①] 亚里士多德:《尼各马科伦理学》,《亚里士多德全集》第八卷,第226—227页。

四、现代政治科学的基本特征

霍布斯建立起来的现代政治学是典型的理性主义政治学。这也就意味着，自霍布斯起，理性主义在西方政治思想中就开始大获全胜了。关于这种理性主义的政治学，可以总结出以下三个方面的特点。

第一，现代理性主义政治学表现出一种对确定性的执着追求。当然不仅仅政治学如此，追求确定性是近现代西方思想的普遍特征。在某种意义上说，确定性已经成为科学性的同义语。对此，霍布斯具有高度的自觉。他认为，只有满足确定性的要求，政治学才得以"上升"为科学。在理论体系层面，确定性意味着研究对象和研究结论的确定性。那么就政治学而言，什么东西是确定不变的？有两个方面：一是人性，二是制度。

在人性的层面，现代政治科学抓住的是人对利益的追求，也就是霍布斯所说的人的欲望，特别是人维持生存的欲望，或者说人对死亡的恐惧。再勇敢、再不畏惧死亡的人，他选择死亡也不是因为他本来愿意选择死亡，或者不知道什么是恐惧，而是因为他在权衡之后，回避了一种比死亡还可怕的恐惧。

前面提到，施特劳斯认为马基雅维利和霍布斯这样的人把政治哲学建立在更低俗但是更坚实的基础之上，意思就是说，他们抓住了每一个人身上都存在的东西，也就是真正具有确定性的东西，所以与古典政治哲学相比，他们的政治哲学基础更坚实、更牢靠。但同时也必须认识到，这种政治学完全摒弃了同样存在的可能性，毕竟人有不同的需求层次，也还有处于不同需求层次的人，对于那些处于更高需求层次的人来说，生存和物欲未必就是头等大事。当然这种人在绝大多数情况下是少数，既然是少数，那就不太确定。那么我们是否可以推论说：与霍布斯这种建立在更低俗但更坚实的基础上的政治哲学相比，古典政治哲学基础更高尚但更不坚实呢？从某种意义上看完全是可以的。因此，对这两种不同的思想体系来说，重要的不是谁对谁错的问题，而是如何权衡和取舍的问题。我们固然不能因为理想而不顾现实，但恐怕也不能因为现实而放弃理想；不能因为可能性而不顾确定性，但恐怕也不能因为确定性而放弃可能性。改革开放前中国对建设道路的选择非常深刻地说明了这一点：只有革命的浪漫主义并不够，"经济发展才是硬道理"；改革开放以后出现的问题又让人们进一步认识到，只有经济发展还不够，社会的综合发展才是硬道理。

第二，现代理性主义政治学带来了普适主义的盛行。普适主义意味着试图采用一项普遍的原则、一套普遍的理论、一种普遍的制度、一系列普遍的政策，来解决整个世界所有的问题。当然并不是说这个世界上不存在普适的原则、理论、制度和政策，或者说普适的标准。我们都是人，都具有喜怒哀乐，不管来自哪种文化、哪个国度，这是存在着普适性最好的证明。另外，科学的标准就是普适性，不具备普适性就不是科学。政治学作为一门科学（当然，如何看待政治学的科学性，这本身还是一个需要讨论的问题），其中必然包含了一些普适的规律。比如下面这样一种认识：任何权力都需要受到监督，不受监督的权力必定导致腐败，甚至可以进一步说，不受监督的权力本身就是腐败的体现；腐败不仅意味着腐败者可以利用权力去谋取不正当的利益，而且最大的腐败就是掌权者利用已有的权力为自己攫取更多的权力，即对权力的滥用。这毫无疑问是政治学中一条普适的真理。

但并不是所有的政治规律都具有普适性，即便是普适的政治原则或者政治规律，在具体的地方、具体的时候、具体的条件下也会有不一样的体现和作用方式，这就需要人们在普适性与特殊性之间慎思明辨，不能因为普适性而忽视特殊性和个体性，也不能因为特殊性和个体性而拒绝普适性。对西方政治思想中普适主义最大的挑战就是，各种在西方行之有效的规律、原则和制度在走出西方之后往往马上失灵这么一个普遍的事实。利比里亚是一个很典型的例子。利比里亚是一个非洲裔美国人重新回到非洲建立的国家，这个国家基本上照搬了美国的所有制度，甚至利比里亚的国旗也是星条旗，只不过美国有五十颗星，它是一颗星。就是这样一个对美国制度如此忠诚的国家，治理起来却一塌糊涂，甚至为政治学提供了一个新的概念，即 failed state，就是所谓的"失败国家"。这个国家的失败非常经典地表明了普适主义存在的问题。

政治学和社会学中有一个叫"东方主义"（orientalism）的概念，是一位名为赛义德的美国文学批评家提出来的，用来批判西方国家对非西方国家的态度。赛义德指出，西方人把那些他们认为神秘的、不可理解的、落后的、原始的和愚昧的东西一概冠以"东方"的标签，这反映的是西方对非西方世界的无知与偏见。[①] 但这种无知与偏见又何曾只限于西方！我们对于西方恐怕也存在类似的无知与偏见，只不过方向可能正好相反，就是说，我们可能无意中把西方国家中那些我们追求的、向往的因素

---

① Edward Said, *Orientalism*, London: Penguin Books, 2003.

冠以"西方"的标签。但严格地说,"西方"(虽然本书也采用了"西方"这个说法)这个概念在何种意义上、在多大程度上成立呢?从政治学的角度来看,英国和法国可以说是"一衣带水"的邻邦,而英国和美国之间更是存在无比密切的文化上的"血缘关系",但是就在英法之间、英美之间,政治制度、政治文化和政治传统也都存在相当大的差异。"西方"在哪里呢?什么因素可以说是普适的呢?就国家的权力分配形式而言,是美国的制约与平衡制度(中国人通常并不准确地称之为"三权分立")、英国的议会内阁制,还是法国的半总统半议会制呢?

可能会有一个疑问:纵然普适主义有问题,但近现代西方国家在政治、经济、文化等方面的成功是否部分证明了政治理性主义的有效性?对这个问题的回答是:西方国家的成功固然在于它们坚守了理性主义的基本立场,但也在于它们在以理性主义为指导的同时,又都没有严格依照理性主义的要求来安排自己的政治制度和组织自己的政治生活。人们对这些国家了解越多,就会越清楚地意识到这一点,会看到西方国家的政治制度和政治实践中,往往保留了大量传统的、经验的甚至可以称之为非理性主义的成分。或者也可以说,没有哪一个西方国家的实际政治生活是严格按照理性主义政治学的教科书来建构和运行的。就此而言,真正需要警惕现代政治理性主义的,反倒是那些把西方作为追赶目标的非西方国家。对它们来说,政治理性主义类似"物种入侵",很有可能因为在当地没有"天敌",同时又受到尊尚现代西方文明的社会力量的支持而横扫一切。

第三,现代理性主义的政治学体现出对政治制度更多的依赖甚至迷信。本节将对这个问题予以重点讨论。从某种意义上

第二章　近代西方理性主义及其在政治思想中的体现

说，制度依赖是追求确定性的结果，也是这种追求的具体体现。与政治家的知识、道德和能力相比，制度当然具有更高的确定性，但确定性不能简单地等同于优越性和适用性。从亚里士多德的角度来看，制度即政体是城邦的形式（form），是一个国家一个城邦的灵魂，因此相对而言具有根本性的地位。然而制度有些什么样的功能？制度能不能化腐朽为神奇？有了一个好的制度是不是一切问题都解决了？是不是政治中最关键的问题就是设计出一个好的制度？是不是好的制度就可以通行于一切国家？对这些问题，亚里士多德和其他西方古典政治思想家其实并没有给出非常明确的答案，或者说他们还是采取了一种开放的态度。也就是说，他们当然注重制度，但是同时也注重人，注重政治家的智慧。也可以说，他们是在这两者之间纠结。

首先是柏拉图。他的《国家篇》一书推崇哲学王的统治，在《政治家篇》中他更是明确指出，由真正的政治家进行的统治是最好的统治，因为他是活的智慧，能够审时度势、不失时机、实事求是地解决国家面临的每一个具体问题。这种立场给人以一种柏拉图更倾向于人治的印象。① 但是，《国家篇》一书实际上就是对一个国家全面的制度设计，在其中哲学王其实只是一种边缘性的角色，因为他能做什么几乎已经完全由柏拉图这位立法者预先

---

① 柏拉图认为："有一门控制所有这些技艺的技艺。它与法律有关，与所有属于国家的事务有关。它用完善的技能把这些事务全都完善地织在一起。它是一种一般的技艺，所以我们用一个一般的名称来称呼它。这个名称我相信属于这种技艺，而且只有这种技艺才拥有这个名称，它就是'政治家的技艺'。"（柏拉图：《政治家篇》，《柏拉图全集》第三卷，第164页。）这个"能够包含一切的名字"即 πολιτεία，在希腊文中来源于城邦（πόλις），其内涵包括人类公共生活的一切方面。后世把 πολιτικά 翻译为政治学（politics），体现的是后人对"政治"的理解，但与希腊人相比，这种理解狭隘了许多。

规定好了，所以认为这个"理想国"推行的是"人治"未免不妥。另外，柏拉图在《政治家篇》中也承认，真正的政治家的统治固然是最好的统治，但由于真正的政治家可遇而不可求，而且即便存在这样的人，也难以保证他们能够掌握政治权力①，所以为了避免政治落入擅权者之手，从现实的角度来看法治还是一种比较稳妥可取的制度形式。问题是法治也并非最终的解决之道，因为法律的基本特点是相当稳定、整齐划一，而且只能提出一些一般性的原则，而现实生活本身又复杂多变，难以预期②，所以又不可避免地需要某些人根据实际情况来运用、解释已有的法律，甚至创制新的法律。也就是说，即便有了好的制度即法治，也还是需要执行法律的人能够审时度势，慎思明断。

在他晚年的政治学著作《法律篇》中，柏拉图几乎用了整本书的篇幅来描绘一个"第二等最好"的城邦的法律制度，让人感到他终于倒向了法治一边。但就在该书的末尾，柏拉图又设计了一个所谓的"夜间委员会"，让它来执掌城邦政治的基本方向。由此来看，法治还是人治，制度的因素更重要还是人的因素更重要，似乎更多是一个实践的问题而非理论的问题。因为没有制度和法律对统治者和被统治者双方的基本规范和约束固然不行，但即便有一套完美的制度和法律，没有人对这些制度和法律的解释、执行、完善和创新也不行。究竟如何是好，两者之间如何平衡，永远是一个只能在实践中具体解决的问题，因为我们没有办法事先获得某种万全的解决之道。用亚里士多德的话来说，这就是实践的智慧的问题。

---

① 柏拉图：《政治家篇》，《柏拉图全集》第二卷，第157页。
② 同上书，第145—146页。

第二章　近代西方理性主义及其在政治思想中的体现

与柏拉图相比，亚里士多德明确地倾向于制度或者说法治的作用。他甚至表示："崇尚法治的人可以说是唯独崇尚神和理智的统治的人，而崇尚人治的人则在其中掺入了几分兽性；因为欲望就带有兽性，而生命激情自会扭曲统治者甚至包括最优秀之人的心灵。法律即是摒绝了欲望的理智。"① 亚里士多德也反对人们轻易对传统、习惯以及各种旧有的制度进行改变，认为："轻率地变法是一种极坏的习惯。当变法的好处微不足道时，还是让现存法律和统治方面的一些弊端继续存在为好；如果变法使得人失去顺从的习惯，那么公民得到的还不如失去的多。"② 在伯里克利之后成为雅典政治领袖的克吕昂也曾经表达过类似的观念，他甚至认为："一个城市有坏的法律而固定不变，比一个城市有好的法律而经常改变是要好些；无知与健全的常识相结合比聪明与粗卤相结合更为有用；一般说来，普通人治理国家比有智慧的人还要好些。这些有智慧的人常想表示自己比法律还聪明些；在公开的讨论中，他们总想按照自己的意思去作，因为他们觉得他们不能在更重大的问题上表现自己的智慧，结果往往引导国家走到毁灭的路上去。"③ 正因为如此，后世的政治学研究者往往把亚里士多德这样的思想家列入保守主义的阵营。

但即便是亚里士多德，以及他之后的罗马共和主义者，也还与柏拉图一样，面临着另一个共同的问题，即政治制度与公民品性的关系问题，可以说这是人与制度的关系的另一个侧面。古代希腊罗马的政治思想家们都认为，一个国家的制度，相对于这个

---

① 亚里士多德：《政治学》，《亚里士多德全集》第九卷，第 112—113 页。
② 同上书，第 56—57 页。
③ 修昔底德：《伯罗奔尼撒战争史》，谢德风译，北京：商务印书馆 1960 年版，第 205 页。

国家民众的基本性向、基本追求来说，都不是中性的存在，而是必须与后者相适应。他们把一个国家民众的这种基本性向和基本追求称为公民品性。比如民主制之下公民应该普遍地追求平等，贵族制之下公民应该普遍地追求荣誉，而寡头制之下公民则应该普遍地追逐财富。如果民主制之下人们追逐财富，那么民主制就会蜕变为寡头制，贵族制之下人们追求平等，则贵族制就会蜕变为暴民政治。然而，在这里一个关键性的问题出现了。人们普遍观察到的一个基本事实是，虽然原则上说政体应该与公民品性相适应，但政体本身却不会自动地在公民中产生相应的品性，或者说一种政体并不能自动保证生活在这种政体之下的公民能够养成或者维持它所需要的公民品性。相反，在实际存在的各种政体之下，公民品性都存在着一种走向蜕变的倾向，比如从追求荣誉走向追求财富，再从追求财富走向追求平等。如果说政体与公民品性之间存在着某种关联性的话，那么在政治实践中这种关联性的体现并非政体保证了它所需要的公民品性，而是它最终会随着公民品性的蜕变而蜕变。公民品性的这种变化被古代希腊思想家们视为政体蜕变或者说堕落（从贵族制蜕变为寡头制，再蜕变为民主制和暴民政治）的根本原因。① 那么究竟依靠一种什么样的力量，才能阻止这种蜕变的趋势、维持一个良好政体长久不变呢？

西方的古典共和主义面临的正是这样一个经典难题。这种思想认为，真正意义上的共和制需要公民把公益置于私利之上，因此特别强调公民品性的重要性，但它又意识到，只有真正意义上的共和政体，才有可能培养公民在公益与私利之间进行正确的、合理的选择。因为在一个没有良好制度、人们普遍追求私人或者

---

① 参见柏拉图：《国家篇》，《柏拉图全集》第二卷，第548页以下。

第二章 近代西方理性主义及其在政治思想中的体现

小群体利益的国家,即便以各种方式对公民进行教育,只要他们进入现实生活,就马上会根据人们实际所做的而非所说的来决定自己的行为。也就是说,好制度需要好公民来建设和维护,但是好公民又是好制度培养的结果。这就如同鸡和蛋的关系。没有好公民就没有好制度,而没有好制度又没有好公民。

也就是说,只有一个具备完美制度的国家,才有可能对公民进行真正良好的教育。但在思想家们看来,没有一个现实的制度可以被视为完美无缺的,甚至还有很多制度是腐朽不堪的。那么问题就变为:要改良一个并不完美的制度,应该如何着手?依靠这个制度以及在这个制度之下生活的公众的力量本身显然不可能,因为如上所述,这两者之间存在着一种无法打破的下行的循环。现实和历史经常让人们看到的,恰恰是一个国家因为公民品性的改变而从一种相对较好的制度蜕变为更差的制度;从来没有人发现过一个国家通过自身的努力改善了自己的政体的实例。古希腊思想家,特别是柏拉图,因此甚至认为政体从好向坏的蜕变根本就是一条不可逃避的历史规律。

为解决这个难题,古希腊思想家提出的办法是从外部引入立法者(legislator),因为他可以不受相关国家腐朽制度的影响。西方政治思想史上因而一度存在一个寻求立法者的传统。一位出色的立法者可以制定出完美的法律,而完美的法律自然可以垂于永远。至于对立法者的要求当然非常苛刻:他聪明睿智、品德崇高,能够洞悉人们的一切私心杂念、喜怒哀乐,本人却又不为其所动,即不受这些情欲的影响;他为一个国家制定法律之后,必须马上离开,以防止他在制定法律的时候为自己预做打算,留下方便之门,也防止他在日后随意更改法律或者干涉法律的运行。

传说中最早的立法者是斯巴达的李库尔古，古希腊的著名政治家梭伦也是一位著名的立法者。梭伦在征得雅典公民同意之后，全面改革完善了雅典的法律制度，随后就离开了雅典，条件就是雅典公民保证忠实于他制定的法律而不轻易改弦更张。然而，在他离开之后，其他人（包括克利斯提尼、伯里克利等）推动了更激进的改革。梭伦的例子再清楚不过地表明，对于立法者的期待在很大程度上也只不过是一个美丽的幻想。

卢梭是西方政治思想传统中最后一位立法者，他曾经尝试为波兰立法、为科西嘉立法，遗憾的是没有人理睬他。实际上，柏拉图在写作《国家篇》的时候，显然也是把自己当成了一位立法者。只不过柏拉图的考虑更周全，他默认立法者必须对为之制定法律的城邦采取完全超然的立场，甚至要求在建国之前把这个城邦10岁以上的人都迁走（柏拉图的说法是"送到乡下去"），因为在他看来，10岁以上的公民已经不同程度地受到了旧风习的影响，所以只能留下10岁以下的人接受全新的教育。[①] 这个设想显然十分不切实际，或者说"违反自然"，所以施特劳斯曾经举这个例子证明，柏拉图的"理想国"是一种反讽（irony），即并非柏拉图真的主张这么做，而是通过提出这样一个荒谬的设想，以一种类似喜剧的方式，从反面证明该设想乃至整个"理想国"的设计之不可行。[②] 施特劳斯的观点不无道理，因为至少人们可以从这个设想看出，要让一个城邦真正实现鼎新革故到底有多么困难。当然实际上，柏拉图在《政治家篇》中也提到："为了净化

[①] 柏拉图：《国家篇》，《柏拉图全集》第二卷，第545页。
[②] Leo Strauss, *The City and Man*, Chicago and Toronto: University of Chicago Press, 1978, pp. 126–127.

第二章　近代西方理性主义及其在政治思想中的体现

城邦，使其健康发展，统治者可以处死某些公民或者流放他们。"① 流放异己在古希腊城邦其实是一种常见的做法，柏拉图不过是将其推向极端罢了。

总之，古代希腊人面临着人与制度之间一个闭合的循环，即便是最优秀的立法者对此也无能为力。如果人们不甘于在这种循环中不断下滑，还有没有什么其他的办法可以尝试呢？为此，近代西方理性主义者把关注的焦点从人即立法者转向制度。他们试图寻找一种机制，当然也是一种根本性的制度，使它能够最终摆脱对人的品性的要求。亚当·斯密发现的"看不见的手"就属于这种制度。斯密相信，如果让这只"手"即自由市场不受干涉地发挥作用，那么国家对个人品性的依赖程度至少可以大幅降低，公益和私利之间就能够自动达成平衡。也就是说，有了自由的市场交换，我们就没有必要阻止人们追逐个人私利，因为个人对私利的追逐不仅不会危害公益，而且最终还会有利于公益的增进。斯密有一段常常被人们引用的名言："我们每天所需的食料和饮料，不是由自屠户、酿酒家或烙面师的恩惠，而是由于他们自利的打算。我们不说唤起他们利他心的话，而说唤起他们利己心的话。我们不说自己有需要，而说对他们有利。"② 就是说，不必奉劝每一个人为他人着想，只要鼓励他们专注为自己谋利即可。

与古典共和主义即强调公益至上的公民品性对共和政体的保障性作用的思想相对，亚当·斯密代表的这种认为对私利的追求可以自动导向公益增进的理论在思想史上被称为商业共和主义。

---

① 柏拉图：《政治家篇》，《柏拉图全集》第三卷，第 145 页。
② 亚当·斯密：《国民财富的性质和原因的研究》上卷，郭大力、王亚南译，北京：商务印书馆 1972 年版，第 14 页。

商业共和主义其实也有一套比较复杂的谱系。首先应该提到的是英国思想家洛克。洛克在其《政府论》一书中认为，私有财产权的确立，对于生产的发展和文明的进步发挥了巨大的推动作用。为证明这一点，他举例说：在美洲，"一个拥有广大肥沃土地的统治者，在衣食住方面还不如一个英国的粗工"①。他的意思是，拥有私有财产的人，由于他们的辛勤劳作，不仅为自己带来了丰厚的财富，而且客观上推动了整个社会经济的发展，从而使英国粗工的衣食住也得到了极大的改善，甚至超过了印第安酋长。英国的粗工当然不会是私有财产的拥有者，但他受惠于那些拥有财产的人追求财富的社会结果；印第安酋长虽然拥有广阔的土地和统治其他人的权力，以及比英国粗工广泛得多的自由，但他在物质财富方面却要比后者贫乏得多。当然，这涉及一些基本的价值取向和历史的评价标准问题，我们就不去讨论了。

比亚当·斯密稍微早一点的一位荷兰思想家曼德维尔也论述过同样的道理。他的著作《蜜蜂的寓言》在当时曾引起广泛关注，书的副标题就是"个人的恶，公共的善"（private evil, public benefits）。曼德维尔的基本观点是，自私是人的天性，既然是天性，自然就不可能改变，因此要让人克己奉公、先人后己，无异于缘木求鱼。人们能够做的，只能是另辟蹊径，使每个人在追逐个人私利的同时带来其他人的利益的改善。② 在这一点上，比洛克和曼德维尔更晚一些的康德也持有类似的观点。他在《论永久和平》这本小书中提出：如果有足够的智慧，即便是一帮魔鬼也

---

① 洛克：《政府论（下篇）》，叶启芳、瞿菊农译，北京：商务印书馆1964年版，第27—28页。
② 参见伯纳德·曼德维尔：《蜜蜂的寓言》，肖聿译，北京：中国社会科学出版社2002年版，第178—179页。

第二章　近代西方理性主义及其在政治思想中的体现

能建立一个秩序良好的国家，而这种智慧就是通过某些制度性的安排让彼此冲突的私人利益相互牵制，最终导致公正的社会结果。康德甚至表示："不应期待良好的国家制度来自某种内在的道德，而是相反，一个民族良好的道德教育应该来自前者。"①

这样一种思想之所以被称为"商业共和主义"，就是因为它的灵感来自商业交换。人们相信，在自由的市场交换中，每一个人在满足自己利益的同时，又在客观上实现了其他人利益的增进。这样，就没有必要对人性加以改变或者塑造。如曼德维尔所言，他们依然可以是自私自利的人，但只要借助某种制度，他们完全可以获得古代人希望的良好的政治结果。商业共和主义在政治思想中最典型的代表人物当数孟德斯鸠和美国的立国者们。"以权力约束权力""用野心对抗野心"正是这种思路极其简洁明快的表达，而美国的制约与平衡的制度（checks and balances）就是这一思想最经典的制度体现。② 这样，在近代理性主义者的眼

---

① Immanuel Kant, *Toward Perpetual Peace and Other Writings on Politics, Peace, and History*, New Haven and London: Yale University Press, 2006, pp. 90-91. 康德还指出："人类的一切文化与艺术，以及最宜人的社会秩序，都是人的反社会性的结果，正是它的自然本性迫使它自我约束，并且通过一种强制的艺术让自然种植于其中的幼苗得到充分的生长。"（Ibid., p. 8.）

② 麦迪逊曾就不同派别利益之间的矛盾即所谓的党争及其与公共利益的关系指出："我理解，党争就是一些公民，不论是全体公民中的多数或少数，团结在一起，被某种共同情感或利益所驱使，反对其他公民的权利，或者反对社会的永久的和集体利益。消除党争危害有两种方法：一种是消除其原因，另一种是控制其影响。消除党争原因还有两种方法：一种是消除其存在所必不可少的自由；另一种是给予每个公民同样的主张、同样的热情和同样的利益。关于第一种纠正方法，再没有什么比这样一种说法更确切了：它比这种弊病本身更坏。自由于党争，如同空气于火，是一种离开它就会立刻窒息的养料。但是因为自由会助长党争而废弃政治生活不可缺少的自由，这同因为空气给火以破坏力而希望消灭动物生命必不可少的空气是同样的愚蠢。第二种办法是做不到的，如同第一种办法是愚蠢的一样。只要人类的理智继续发生错误，而且人们可以自由运用理智，就会形成不同意见。只要人们的理智和自爱之间存在联系，他们的意见和情感就会相（转下页）

中，制度变成了点石成金的魔杖。

西方近代政治思想家们在确立自由、平等这些基本的政治价值的同时，花费了大量精力从事政治制度的设计，以通过制度和法律的方式保障这些政治价值的实现。在西方国家，这种制度设计还是比较成功的，的确为解决这些国家不同时期面临的社会、政治和经济问题，推动现代文明的发展做出了重大贡献。也正因此，加之理性主义对普遍性、永恒性和确定性的追求，西方国家信心满满，在一段时间内试图把这套制度推向整个世界。遗憾的是，正如上文在讨论普适主义的问题时所指出的，西方的制度往往"橘生淮北而为枳"，在西方之外的世界，这些制度鲜有获得成功的案例。至于这种政治理性主义所带来的制度迷信，则给诸多非西方国家带来了甚至是灾难性的影响，比如20世纪末在世界银行和国际货币基金组织的主导之下，拉丁美洲进行的所谓结构改革，就是一个制度失败的典型案例。因此，对非西方国家而言，如何有效借鉴西方国家在制度建设方面的经验和成果，真正推动自身的政治和社会发展，仍然是一个必须深入研究和探讨的问题。

理性主义强调制度和法律的作用，但与保守主义对制度和法律的倚重存在着根本性的区别。后者呼吁人们在体现为传统和习俗的制度规范面前，克制和慎用人的理性，而前者则对人的理性在制度和法律设计方面能够发挥的作用持一种相当乐观的态度。

（接上页）互影响，前者就会成为后者依附的目标。"（汉密尔顿、杰伊、麦迪逊：《联邦党人文集》，第45—46页。）既然不能取消自由，也不可能通过强制的方式使人们的观念与利益彼此协调，那么只有让它们彼此牵制，相互制约。因此，"管理这种各样又互不相容的利益集团，是现代立法的主要任务，并且把党派精神和党争带入政府的必要的和日常的活动中去"（同上书，第47页）。这就是制约与平衡的理论基础。

第二章　近代西方理性主义及其在政治思想中的体现

也就是说,理性主义者相信,只要人们做出了正确的选择,就能带来所希望的结果;这就如同在科学研究中对方法的迷信,认为只要有了正确的方法,就一定能得出正确的答案。因此,理性主义者总是希望通过人为的努力和人为的设计,消除一切社会苦难,解决各种社会问题。英国功利主义者边沁非常典型地体现了理性乐观主义的情绪,他认为:"无论如何,自然界的发现如果还有发展的余地,而且如果发表出来也有益处,那么在道德界倡导改革,便也大有可为,而且益处也不会小于前者。"① 这种相信通过人的理性可以对社会实行全面的管理、控制与改造的思想,被出生于奥地利的英国经济学家和政治思想家哈耶克称为"知识的僭越"②,是人类理性的"致命的自负"③。在哈耶克看来,现代极权主义的兴起,与这种"自负"不无关系。

事实也的确如此。人们出于理性的选择和判断,针对各种社会问题进行的制度和政策设计固然非常重要,但如果认为人凭借理性可以解决一切问题,那可能就太过盲目,也太过自信了。这里可以拿苏联经济改革的失败与中国经济改革的成功做一个对比。中国的经济改革始于1978年,从农村开始,逐步推进到城市,最后扩展到整个经济领域,并且创造了一个世界奇迹。那么其他国家,比如说苏联,难道不想复制中国的成就吗?戈尔巴乔夫在苏联当政是1985年,当时中国的经济改革已经初见成效。苏联人当然也希望仿效中国的经验,把苏联经济从停滞中拉出

---

① 边沁:《政府片论》,沈叔平等译,北京:商务印书馆1994年版,第92页。
② F. A. Hayek, "The Pretence of Knowledge," *The Swedish Journal of Economics*, Vol. 77, No. 4, 1975, pp. 433–442.
③ 参见哈耶克:《致命的自负》,冯克利、胡晋华等译,北京:中国社会科学出版社2000年版。

来。但是，苏联的农业改革就是无法推进，不仅农业改革不见成效，而且整个国民经济的改革也都难以遂行。原因何在？因为中国和苏联农业经济发展的具体阶段不同。在改革之初，中国的农业整体发展水平还很低，从来就没有彻底告别个体手工生产的形式，但这也就意味着中国的农民还会种地，而且熟悉整个生产过程，因此只要把地给他种，只要让他能够分享自己的劳动成果，他就能把一块地"绣出花儿来"。小岗村一改为家庭联产承包责任制，粮食就增产了好几万斤，马上收到成效。相反，苏联已经完成了农业集体化，有的是集体农庄，有的是国营农场。他们的农民可能有的会开拖拉机，有的会开收割机，有的会开除草机，但是从播种开始到收获结束，把这整个过程来一遍，他们就真的不行。所以家庭联产承包责任制这项制度在当时的苏联根本就没有获得成功的可能。

后来戈尔巴乔夫还有一个错误的判断。他认为，苏联的经济改革之所以无法推进，是因为出现了一个所谓的"障碍机制"，即党和国家机构的官僚主义与特权现象，所以他不再把主要的注意力放在发展经济方向，而是集中力量试图打破这个"障碍机制"。如何才能打破？那就是利用民主化和公开性，就是翻出陈年旧账，翻出领导人在历史上的错误，事实上把苏联体制作为全社会的对立面，希望动员全社会的力量来改变现有体制和现有的权力格局。这在政治上当然是明显的失策。不管什么样的人，不管什么样的政治家，这么做注定失败。"不断革命"最后的结果，就是"革命者"最后变成了革命的对象。孔子讲"兴灭国，继绝世，举逸民，天下之民归心焉"[1]，指的就是要正确对待

---

[1] 《论语·尧曰》。

第二章　近代西方理性主义及其在政治思想中的体现

历史，也可以说要善待历史，要面向未来。要知道，历史是无法割断的，无休止地否定过去，最后总会挖掉批判者自身的立足之地。戈尔巴乔夫的错误就在这里，他呼唤出否定过去的力量，最后却被这个力量给否定了。

中国改革的成功，体现为在政治稳定的前提下实现了一个经济改革的三级跳。第一步是家庭联产承包责任制，第二步就是乡镇企业。乡镇企业是当时中国经济发展阶段家庭联产承包责任制合乎逻辑的深化和发展。农民种了更多的粮食，手里开始有了钱，当然也解放出了一部分劳动力。挣的这些钱正好用来购买乡镇企业生产的产品；同时，解放出来的劳动力也正好可以到乡镇企业里去务工，农忙时务工者还可以早晚到田间地头帮忙，对乡镇企业来说可以保证最低的劳动力成本。这样，市场和劳动力两个方面的问题都解决了，第一步改革释放出来的生产要素都变成正能量，而且解决了进一步工业化所需要的资本原始积累的问题。

这里又有一个制度设计之外的因素发挥了十分重要的作用。与当时的苏联相比，中国经济的计划和国家控制程度相对较弱，在不少农村和乡镇还存在着自留地（不一定是农田，而很可能就是房前屋后的空地，但可以种植蔬菜和粮食）和自由市场，也就是国家计划之外的生产和流通环节。乡镇企业之所以能够生存和发展，正是利用和扩大了这些环节。乡镇企业的产品生产出来之后，小商贩在市场上摆个地摊就能卖，而不需要进入计划内的流通体制，也不必组织自己的销售系统。这一点对特别是处于萌芽阶段的乡镇企业来说意义非同小可，简单讲就是让它们的生产和销售能够循环起来，并且持续进行。可以想象，如果中国当时对国民经济的计划和控制像苏联一样全面，连一只杯子都要通过产品模具打上标价的话,那么乡镇企业恐怕根本就没有立足之地。就此而言,可以说中国的市场经济是在计划经济残留的缝隙中逐渐生长起来的,而在苏联就没有这样的机会,所以后者的市场化改革只好选择一种激进的、一步到位的"休克疗法"。

还有一个因素也很重要。乡镇企业的产品要能够卖出去是有条件的。这些产品质量很难有保障,产品标准也不健全,但对当时中国的城乡居民来说,它们恰恰是短缺已久的生活必需品,是人们只要一有钱就必定会购买的产品。也就是说,对当时的中国来讲,乡镇企业的产品首先要解决的是"有没有"的问题,至于"好不好"的问题需要等到以后再说。其实到现在为止,这种情况也还没有完全改变。市场上山寨产品总是有人买,一方面可能是中国对知识产权的保护、对产品质量的监管还有不到位之处,另一方面也说明中国消费者整体上说还没有完全达到追求产品的品质和服务的程度。换言之,如果在一个典型的市场经济国家,经济体系比较成熟而且又发展到相当水平的话,类似当时中国乡镇企业那样的生产厂商恐怕是没有办法存活的。

当时的乡镇企业生产条件和劳动保护条件都非常差,工资水平也非常低,直到现在,还有学者把诸如此类的状况称为中国经济发展的"相对优势"。当然我们可以说是企业主为了挣黑心钱、国家的生产和用工管理体制不健全、劳动保障制度不完备导致了这样的结果。但对于中国当时的老百姓来讲,如同对产品的要求只是解决存在已久的短缺问题一样,对工作的要求就只是个解决温饱的问题。给他一份工作让他能够有钱挣,能够在离开土地之后还可以填饱肚子,并且带钱回家给父母妻儿,对他来说就别无所求了。我本人曾经去参观过一些乡镇企业,当然是走马观

第二章　近代西方理性主义及其在政治思想中的体现

花，但也印象深刻。其中一个是扬州某地的电扇厂，生产"长城电扇"，在当时算是名牌产品。但工厂的生产条件怎么样呢？就是在乡下田间，土地稍微平一平，搭个厂房，把地上几块木头，横的竖的那么一铺，机床就固定在这些木头上面，产品就这么生产出来了。另一个是长毛绒玩具厂。很大的一个车间，大大的窗户，我去的时候刚好是下午，太阳斜射进来，满屋子全是上下翻腾的绒毛。我的第一个念头就是：人的肺能承受吗？那样的产品和那样的劳动条件，要在今天可能都难以想象，我们也可以说它们典型地体现了民间资本家的"原罪"，但我们不应苛责历史，就是这样的产品和劳动解决了商品短缺、吸收剩余劳动力及资本积累的问题，这是第二级。

第三级就是城市经济改革。可以说，乡镇企业的成功为城市经济改革提供了一个稳固的桥头堡。乡镇企业生存和活动于原来的生产流通体制之外，它们的原料采购和产品销售都得有自己的一套系统。比如说背个包到处跑原料，拿出香烟见人就送，这是他们的采购员。他们终端的销售员其实大多就是到处摆地摊的人。城市改革主要的一项内容是企业改制，导致很多人下岗。这些下岗人员其实就是失业人员，但这么多的人失业并没有导致大的社会动荡，为什么呢？因为他们虽然失去了原来的工作，但经济改革又为他们提供了新的机会。其中有相当一部分人，包括原来国营和集体企业的工人和技术人员，又被乡镇企业或者后来所谓的民营企业接纳了。乡镇企业的销售环节客观上也解决了很多人的就业问题：下岗工人可以去摆摊，卖的都是乡镇企业生产的锅碗瓢盆，但也能谋取生路。如果没有家庭联产承包责任制和乡镇企业做铺垫，城市经济改革能够平稳推进吗？

但实事求是地看，这个成功而且十分漂亮的三级跳跟中国的具体的历史条件，特别是社会经济特定的发展阶段，是有密切关系的。当然，这并不意味着人的智慧及制度与政策选择不重要，但是仅有智慧就能促成这一切吗？恐怕未必。实际上，从20世纪六七十年代开始，全世界范围内都在改革，包括社会主义国家和资本主义国家都在改。但是屈指一算，在社会主义国家中，真正成功的大概只有两个，即中国和越南，其他的可以说最终都以不同的方式失败了。简单地把它们的失败归因于制度选择和政治家的失误，显然有失公允。比如最早一批进行改革的东欧国家，也曾经创造过它们自己的经济奇迹，像波兰、匈牙利和南斯拉夫等，但这些奇迹难以为继。至于在中国之后开始改革的国家，更是有中国的经验可供它们借鉴，它们当然也试图借鉴，但结果并不如愿。也许可以说，中国经济改革的成功是占尽了天时、地利、人和。天时、地利、人和这三项条件中并没有制度、政策和领导者。只有在天时、地利、人和的基础上，制度、政策和政治家的智慧才最后登场。

这也就是说，任何政治事件的结果，都与它发生的时间、地点、条件有关。比较政治学中有一个概念叫"时序"，即事件发生的时机与顺序（timing and sequence），其理论含义是，类似的事件如果发生的时机和顺序不同，结果就会差异巨大。比如说，困扰着很多国家包括欧洲的法国和我们中国的三农问题，在英国就不存在，因为英国资产阶级革命之前的圈地运动，基本上已经消灭了作为一个阶级的个体农户。由于圈地运动发生的时候既没有公民权利的观念，也没有成规模的社会运动，所以这个运动虽然遭到抵制，也遭到像摩尔那样的思想家的批判，被说成是"羊吃人"的运动，但最终还是完成了。然而，法国就不同。法国在大革命前基本

第二章 近代西方理性主义及其在政治思想中的体现

上还是一个农业国家,到大革命的时候,人权观念已经普及,社会运动也已经相对发达,无论在观念上还是政治上,类似圈地运动那样赤裸裸的社会剥夺现象已经完全不可能被接受,甚至根本就难以想象。因此,法国的工业化就不可能以消灭农民作为代价进行。事实上,法国大革命之后不仅不可能消灭作为一个阶级的农民,而且还要没收或者购买教会和贵族的土地分给他们,也就是制造出了更多的小农,这样就把三农问题带到了大革命以后,而且存在到今天。一句话,在新的历史条件下,问题已经转变为如何保护农民了。其实中国的情况也有类似之处。这就是"时序"的重要性,时序不同,原来行之有效的制度和政策就可能完全无效。

针对理性主义者的乐观,以及这种乐观导致的失败甚至灾难,保守主义者反复提醒人们要慎用理性,特别是慎用作为现代理性主义成果的各种社会控制和社会动员手段,为社会保留更多自由的、自发的空间。比如哈耶克强调社会政治和经济生活中"自发秩序"的重要性①,奥克肖特强调对历史的"因应"②,卡尔·波普尔强调试错性的"渐进社会工程"③,等等。中国人也常常讲"智者千虑,必有一失",任何事情都不可能做到算无遗策。因此,任何制度与政策的设计,以及具体的政治行为,都需要具有足够的开放性。只有这样,才不至于把一些人们未曾考虑到的积极因素发挥作用的通道堵死,而一旦那些事先没有预料到的消极因素出现,人们也才不至于措手不及或者束手无策。

---

① F. A. Hayek, *The Sensory Order: An Inquiry into the Foundations of Theoretical Psychology*, London: Routledge, 1952.
② Michael Oakeshott, *Rationalism in Politics, and Other Essays*, p. 66. 奥克肖特用这个概念表示人们从政治传统中体会、感悟未来的政治目标与政治方向的过程,他也称之为与传统的"对话"。(Ibid., pp. 184-185, 488-490.)
③ Karl Popper, *The Open Society and Its Enemies*, Part Two, London: Routledge, 1995.

第三章
现代政治中的理性主义：
价值与困境

一、人的自由与失落

理性主义是现代西方文明（当然包括政治文明）的基础，它战胜了迷信与专制，与政治中的自由、平等、民主和公正相互呼应，为最大限度地保障每一个人的独立、自由和尊严，为政治生活的稳定性和可预期性，为经济和社会的发展提供了基础性的条件。可以认为，没有现代的理性主义以及建立在这种理性主义基础上的政治制度与政治实践，现代社会的文明成果将不可想象。但是，现代理性主义的政治思想和政治实践也带来了一些值得人们认真思考、严肃面对的问题。这一部分的讨论主要涉及理性主义对人的理解，以及在此基础上对现代人和现代社会的建构。

人类思想中对人的理解体现为关于人性的各种理论。所谓人性，即人所具有的本性。上文提到过，亚里士多德认为，人生而兼具植物、动物和人自身的特性，前两种特性人生而有之，第三种则更多体现为一些潜在的可能，需要通过后天的教育和培养予以激发，并使之成为实际的能力即人格和品性。但是，人的天赋和后天的努力以及外部环境各不相同，所以每一个人在人格养成方面达到的成就也会各不相同。无论如何，社会的存在以及人在

第三章 现代政治中的理性主义：价值与困境

社会中与他人的交往和互动是人的品性得以完善的根本前提，所以亚里士多德说"人是社会的动物"，也可以说，这是他所理解的人性。

亚里士多德的这一理论比较典型地体现了古代希腊罗马时期人们对人性的基本认识和态度，即所谓的"目的论"的人性观。中国传统思想在此问题上的基本立场与之十分相似。如孔子所说"性相近也，习相远也"[1]，就是认为人的本性原本相近，是后来的教化和社会影响才使人们的志趣、爱好、利益等彼此疏离。孟子认为，人之初，性本善。[2] 准确地说，是他认为人生而有恻隐之心、羞恶之心、辞让之心和是非之心，而这四种人生而有之的特性，就是"仁义礼智"的"四端"，即源头。"恻隐之心，仁之端也；羞恶之心，义之端也；辞让之心，礼之端也；是非之心，智之端也。""苟能充之，足以保四海；苟不充之，不足以事父母。"[3] 因此孟子强调，有这四种源头并不等于每一个人最终都会成为兼具"仁义礼智"的君子，更重要的是后天的培养和教育，以及每一个人对自己的严格要求。也就是说，"人之所以异于禽兽者几希，庶民去之，君子存之"[4]。这句话所强调的，应该是那些能够保存这些使人异于禽兽的特质的就是君子，而不是只有君子才能保持这些特质。传说中的孟母三迁，即孟子的母亲为了让他有一个好的成长环境，连续搬了三次家，从一个侧面证明了中国传统思想对教育与环境在人格培养中之作用的强调。另一种中国传统思想中具有代表性的人性观就是荀子的"性恶"，即

---

[1] 《论语·阳货》。
[2] 孟子实际上没有明确说过这句话，这是后人对他的思想的概括。
[3] 《孟子·公孙丑上》。
[4] 《孟子·离娄下》。

"人之性恶，其善者伪也"①。这里的"伪"是"人为"的意思，并非真实的反面，"人为"的东西未必就不真实。实际上，荀子讲"性恶"，其意图只在于更加突出后天的教育、培养和强制的作用，所以说，"圣人化性而起伪，伪起于性而生礼义，礼义生而制法度"②。

总之，在人格养成方面，中国传统思想的一个共同特点是十分注重对人后天的教育和培养的作用。与此同时，中国古代思想家也特别强调每个人自身的修养。《周易》中说"天行健，君子以自强不息"③，孟子说养浩然正气④，讲的都是每个人人格的自我提升从根本上说需要自己不间断的而且也是艰苦的努力。为此，人们必须"朝乾夕惕"⑤，不可稍有懈怠。如《周易》中说："君子进德修业。忠信，所以进德也。修辞立其诚，所以居业也。知至至之，可与言几也。知终终之，可与存义也。是故居上位而不骄，在下位而不忧，故乾乾因其时而惕，虽危无咎矣。"⑥

需要注意的是，无论是古希腊，还是中国传统思想，虽然都注重人格修养中后天的教育与环境的作用，但同时并不认为后天的教育与培养完全是一种外在的强加，或者是对人生而具有的天性的彻底压制（比如像基督教那样）。这种对人性的理解倡导的是对人的天性予以节制、疏导和升华：节制人的天性并非禁绝这种天性，而是使其不至于过度泛滥；疏导是把人的天性转移到其

---

① 《荀子·性恶篇》。
② 同上。
③ 《周易·乾·象》。
④ 孟子说："我善养吾浩然之气。"（《孟子·公孙丑上》）
⑤ 原文为："君子终日乾乾，夕惕若厉，无咎。"（《周易·乾·九三》）
⑥ 《周易·乾·文言》。

他的方向,比如把性欲引导到婚姻与家庭上;升华则是把人的天性转变成审美、情感和道德,比如把性升华为爱,把饮食升华为文化。在这种节制、疏导与升华的过程中,人性得以提升,文化得以积累,文明得以进步。我们拥有今天的道德、情感与文明,要感谢古人对他们天生的欲望施行了这样一种节制、疏导与升华。

在西方中世纪时期,基于基督教的广泛影响,人们对人性的理解发生了重大变化。基于《圣经》中关于亚当和夏娃堕落的记载,人被理解为生而有罪即带着原罪来到世间的动物。从宗教意义上讲,原罪观念的目的是使人时刻意识到自身是各种邪恶贪欲的集合体;人终其一生必须完成又不可能真正完成的任务就是约束和消除这些贪欲,以实现对自我灵魂的救赎。之所以说必须完成,是因为一个人在自我救赎方面所付出的努力直接决定了他在末日审判时所得到的待遇——进入天堂,还是堕入地狱;之所以说不可能真正完成,是因为人最终的救赎还需要依靠上帝的裁断。

基督教的原罪理论及其禁欲思想,实际上以一种非常特殊的形式,体现了其对人性的理解,即人生而具有各种贪欲,而且只有通过对上帝的信仰与事奉,才可能从这些贪欲的束缚中解放出来,获得灵魂的自由。相对而言,在一个技术落后、生产凋敝、文明退化的时代,这种禁欲主义及其对灵魂净化的追求也许可以为人们提供一种能够接受的生活方式。但是,随着西欧物质文化生活的逐渐恢复和发展,教会思想和组织体系的僵化,以及教会内部各种特权和腐败现象的蔓延,正统基督教的思想在人们精神生活中的地位不断降低,教会及其对人们的思想与生活的严格控制已经成为西方文明发展的障碍，一种新的、世俗的文化开始发展起来。

这种新的世俗文化以人文主义或称人本主义（humanism）作为自己的旗帜，其核心就是对人的自然欲望的认可。上文提到，霍布斯政治哲学的一个基本出发点，就是肯定了人的自然欲望，特别是维持生存的欲望，从而也就是对生存所需的物质条件的欲望。霍布斯对人性的大胆认可，并把满足人欲作为国家的目标，从而彻底否定了基督教的神学政治观念，这是在他之前几个世纪里人文主义思想发展及其影响的最终结果。

从文艺复兴到19世纪末，西方的理性主义与人文主义可以看作一个硬币的两面，不仅因为它们从两个方面对人生而具有的两种能力即理性能力和感性能力予以认可，而且也因为它们有一个共同的敌人，即基督教对人的自由（一方面是思想的自由，另一方面是欲望的自由）的禁绝。在理性主义者及人文主义者看来，人对思想自由和人身自由的追求与生俱来，出于自然，而一切出于自然之物，其本身就具有天然的正当性。它们体现的是人的自然的权利、自然的自由。

如果可以用节制、疏导和升华三个概念来概括古希腊罗马时期以及中国传统思想中对人的天性所采取的态度的话，那么与之相对，近代以来西方的理性主义和人文主义对人类天性的态度则是承认、解放和刺激。

承认人的自然欲望就是赋予它们合法性和正当性。人生而具有的欲望，亦即只要不是被他人和外物诱导或者威逼出来的欲望，都必须得到无条件的承认，并且被视为人性的体现。在这里，强调人性是对中世纪基督教高扬神性而压制人欲的反抗。所以，人本主义或者人文主义其实是中世纪神本主义的对立面，意味着对人性的解放。

但是，问题还有另外一个维度。实际上没有人见过神的形象，所以对神的一切理解和描摹以及所谓的神性只是人类的理想、完美的人性的某种投射。换言之，神是人的理想的具象化，而这种理想出自某种特定的价值角度，所以未必能够被所有人接受。基督教禁欲主义的问题是用这种理想化的人性来反对现实中的人性，从而使两者处于一种极端对立的状态。人文主义的主张正好反过来，以人性对抗神性，实际上就是用自然的人性来反对某种理想的人性。但是，如果从根本上否定神性，那么实际上也就否定了人走向完善和升华的可能，人就回到了动物的水平，就与禽兽无异。

正如亚里士多德早已意识到的，人性并不是某种可以供我们去发现的客观存在，而是人扬弃自己身上某些动物性的同时获得动物所不具备的另外一些特性的结果，它只是一种可能，是第二自然。因此，人性只能通过人自己去尝试，去发现，去确认。中国传统思想中有一种发现人性的特殊方式，就是通过与一般动物的比较，看看有哪些事情是人可以不做的。如果人确实可以不做，那么一种人性的要素就被发现了。孟子就常常使用这种方法。他说"人之异于禽兽者几希"，因此虽有"四端"，但十分容易迷失。能够使人维持并且发挥"四端"的唯一办法，就是遇事时问一问，此事有没有可能不做，或者有没有另外的做法，也就是说人能不能做得与其他的动物不一样。比如，所有的动物饥饿时都会有进食的欲望，但人却可以问一问"我是否可以不吃"，并且也的确可以做到不吃，比如不食"嗟来之食"。因此，中国传统思想在对人的理解方面，主要不在于说明人是什么，人的本质是什么，而是去发现人可能不是什么。反过来，如果以一种本质主义的方式寻找人性，寻找人的本质，那么因为人性只是一种可能而非客观事实，所以必定会像霍布斯等人一样，把人性降低到动物性的水平，或者像尼采一样，最终陷入虚无主义。

承认人的自然欲望意味着使人在面对自己的这些欲望时不至于有愧疚或者负罪感（feel guilty），不至于像欧洲中世纪的禁欲主义者那样，世俗的欲望一旦冒头，即稍有"罪恶"的念头出现，就甚至要通过各种肉体性的自罚保持心灵的洁净。但正如霍布斯所揭示的，仅仅承认人的欲望并不能使人感到快乐或者幸福，有了欲望而得不到满足才是人们痛苦的真正根源。因此，承认欲望的正当性还不够。要消除因不能实现欲望而产生的痛苦，就必须想办法满足这些欲望。也就是说，还必须解放这些欲望。由此，人本主义转变成了自由主义。从某种意义上说，自由主义的根本主张就是使人的自然欲望得到充分的满足。自由主义者把获得了正当性的欲望称为"自然权利"，同时把国家看成为保证这些自然权利的实现而人为创造出来的工具。

近代西方不仅借助国家保障自然权利，而且还创造出市场经济，或者更准确地说是资本主义的经济体系，并辅之以各种技术手段，来满足这些被称为"自然权利"的人的欲望。市场与市场经济在概念上存在着根本性的区别。市场是整个经济体系的一部分，是人们通过等价交换、互通有无以满足各自需求的场所。比如在农业经济体系中也可以存在市场，古代中国的市场就曾经十分发达。市场经济则可以被理解为以销售为目的的经济体系，也就是说，它的根本目的实际上并不是满足人们的自然需求，不是

第三章 现代政治中的理性主义：价值与困境

互通有无，而是销售，是为了利润而进行的各种营销。在这种经济体系中，生产者的利润才是生产的根本动力；与此同时，一切都可以成为商品，而且商品属性在时间和空间两个维度上都可以无限延展，马克思称之为商品拜物教。这种经济体系的确创造出前所未有的物质财富，极大地提高了人们的物质文化生活水平，这被视为历史和文明的巨大进步。

但人的欲望最终得到满足了吗？这似乎是一个难以回答的问题。旧的欲望被满足了，新的欲望又产生了，正所谓欲壑难填，生产的发展导致的很可能是更多、更难以满足的欲望。[①] 就此而言，人的欲望是否得到了满足，既是一个需要由生产发展来加以解决的问题，也是人对其自身欲望的态度问题，"知足常乐"说的就是这个道理。正是在这个方面，现代市场经济体系体现出了一个真正"本己性"的特征。这种以满足人的自然欲望相标榜的经济和政治体系，在其运动过程中已经产生了它独立的生命力，而它要维持自己的生存，就必须使人们永远处于一种因为欲望得不到满足而痛苦和饥渴的状态之中。只有这种痛苦和饥渴状态才是市场经济体系存在和扩张的永恒动力，而人们的欲望的满足，人们在追求欲望满足方面的消极和怠惰，才是这个体系的噩梦。于是，这个体系终于创造出它唯一的生存策略，那就是在生产出不断增长的物质产品的同时，又生产出更加难以满足的人的欲望，从某种意义上说，前者其实不过是使人们被后者俘获的诱饵。简而言之，现代经济和社会体系的存在，其根本前提就是对人的欲望的不断刺激。当然，这种被刺激出来的欲望，已经远远

---

① 霍布斯说：人的欲望的特点是，得其一思其二，死而后已，永无休止。（参见霍布斯：《利维坦》，第72页。）

超出了自然的范畴。

　　这一点也正是一批当代西方马克思主义者把资本主义社会称为"消费社会"并加以批判的原因。只不过"消费社会"这个概念其实已经不足以描摹市场经济社会的基本特性，因为它的生产甚至已经不再是为了消费，而是浪费，是为了让消费者尽可能快地扔掉他们已经购买到手的产品，再进行新的购买。一个声称基于人的自然欲求的政治经济体系，其维持最终要依靠对非自然的欲望的刺激，这不能不说是一个极大的讽刺。当然，这个体系的维持和扩张还有赖于它创造出一批又一批的人，他们的利益就在于这个体系的存在和扩张。也可以说，这个体系的生命就是他们的生命，他们就是这个体系的"道成肉身"。他们的特性就被称为"人性"。

　　由此可以看出，一种社会、一种制度对人具有不可忽视的塑造作用，而所谓的人性在很大程度上的确就是社会与制度建构的结果。亚里士多德关于人的"第二自然"的理论，表达的也是同样的思想。不过亚里士多德强调的是个人与社会主动的人格教育与养成，是人的道德品性的提高和完善；现代的社会经济制度则是为了维持自身的生存，以一种系统的力量对人格进行隐形而全面的塑造。人们看不见这个"灵魂的塑造者"，但它又像空气一样无所不在。我们现在习以为常的追求权力的"政治人"、追求物质利益的"经济人"的形象，从根本上看都是现代社会建构的结果。并非人天生就渴望获得权力或者财富，而是现代社会的运行需要这样一种人。事实上，在现代社会的政治经济体制之下，如果一个人既无意于权力，又无意于财富，那么很可能会被视为异端而受到这个体制的放逐。福柯就认为，疯癫是现代理性主义对其异端的建构，是现代社会的规训和惩罚体系的结果。

第三章 现代政治中的理性主义：价值与困境

过年了，孔圣人请柏拉图吃饺子，一边包，一边对他说："我们这地方的观念，就好像这饺子，馅是包容在里面的，吃的人心里都知道，眼睛看不见也不要紧，吃着有味就行。"柏拉图大为感慨地说："太不一样了，我们吃比萨，馅必须是在表面让人们看到的，这样吃着才会放心的。"孔圣人说："真是一方吃食养一方人，吃到肚里都是一样的。"

为了实现对人的欲望的承认、解放和刺激，近代西方思想家进行了艰苦的理论创造。前述洛克和曼德维尔，以及亚当·斯密所做的，其实只是其中非常小的一部分。从《圣经》中说的富人进天堂比骆驼穿针眼还难①，以及莎士比亚的《威尼斯商人》、巴尔扎克的《欧也妮·葛朗台》、司汤达的《红与黑》，到韦伯的《新教伦理与资本主义精神》，再到现代人加于各种商业巨头的尊荣，世人对待人欲的态度可谓发生了天翻地覆的变化。而且需要特别指出的是，这种对人欲的承认、解放和刺激带有一种强烈的反道德主义的倾向。这里可以举马基雅维利的一部话剧《曼陀罗》②作为例子。

《曼陀罗》的剧情并不复杂。一个意大利的游荡子卡利马科爱上了有夫之妇卢克蕾佳。后者年轻美丽，但其丈夫尼洽老爷却年老而无能。卡利马科求助于教士李古潦。经过后者的精心设计，他终于得到了卢克蕾佳。故事的结局是标准的喜剧，所有人都各得其所：卡利马科得到了梦中情人，卢克蕾佳得到了在尼洽老爷那里无法得到的幸福，李古潦得到了丰厚的酬金，尼洽老爷则有可能得到一个名义上属于他的孩子。关于这部话剧需要注意的有以下两个方面。首先是情节的安排：并非所有年轻美丽的女性都嫁给了年老而无能的男子，也就是说，并非所有对婚姻的背叛或者一般而言对道德的背叛都会有类似卢克蕾佳那样"充分的"理由，也并非所有这类背弃道德的行为都能得到皆大欢喜的结果。马基雅维利通过安排这么一个极端的情节，让故事可能给人们带来的道德上的紧张感消弭于无形，又通过让所有相关人等

---

① 《圣经》中的原文是："骆驼穿过针的眼，比财主进神的国还容易呢。"（《马太福音·第十章》）
② 尼科洛·马基雅维里：《曼陀罗》，徐卫翔译，上海：上海人民出版社2003年版。

都满足了他们各自的欲求而进一步让人们轻松地放下了原本已经所剩无几的负罪感。其次,红娘的角色被安排给了一位教士,而卢克蕾佳这个名字原本属于古罗马传说中一位最贞节的女性。① 这样的安排体现了马基雅维利对正统道德毫不掩盖的嘲讽。

也就是说,《曼陀罗》之所以能够有一个喜剧的结局,是因为马基雅维利把道德完全放在了人的自然欲望的对立面,同时又刻意设计了一个现实生活中不太会经常出现的情节。当然,这样可以讨观众喜欢,而且违背道德规范之人总是可以找各种理由,证明道德戕害了自然。在这里,西方思想史上所谓的"古今之争"② 再次体现出来,那就是古人可能更多地用一种悲剧的眼光看世界,因为他们清楚在一个严格的道德环境中,美好的事情稀少而易逝,所以人们为了得到它们需要付出艰苦的努力,并且常常会面临尖锐的价值冲突,正所谓"不如意事常八九,可与语人无二三"③,比如古希腊剧作家索福克勒斯的悲剧就是这方面的代表。现代人则更喜欢喜剧,因为他们相信马基雅维利的名言:"命运之神是一个女子,你想要压倒她,就必须打她,冲击她。人们可以看到,她宁愿让那样行动的人们去征服她,胜过那些冷冰冰地进行工作的人们。因此,正如女子一样,命运常常是青年人的朋友,因为他们在小心谨慎方面较差,但是比较凶猛,而且能

---

① 《曼陀罗》中女主角用的是现代意大利女性的名字 Lucrezia,古罗马那位最贞洁的女性的名字是 Lucretia,后者被王子塔基努斯(Sextus Tarquinius)奸污后自杀,而她的丈夫为她复仇的行动则导致了一场最终推翻了罗马王制并建立共和国的革命。
② 原本是 17 世纪法国文学界中一场关于崇古还是尚今的争论,当然,争论涉及诸多复杂的问题。施特劳斯学派借用这个概念来反映西方政治思想史上古希腊罗马时期的政治思想与近现代政治思想在各方面的对立与冲突。
③ 方岳:《别子才司令》。

够更加大胆地制服她。"① 《曼陀罗》算是为这段话提供了一个鲜活的诠释。

当然，要回避道德原则的冲突，最好的办法并不是像马基雅维利那样去费心设计精巧的情节，因为现实生活在很多时候不可能听凭当事人如其所愿地加以设计，也不是为自己的选择寻找各种辩护的理由，因为那样过于伤精费神。更可取的是把这些原则悬置，并且宣称世俗之人对它们实在无所适从。这就涉及"价值中立"的问题。"价值中立"的主张是德国社会学家韦伯提出来的，包括两个方面的含义，即科学研究不应涉足价值领域，也不应做出价值判断。那么政治学作为科学自然也就只好对价值问题敬而远之了。相反，在古人看来，政治学显然不可能不谈论价值。亚里士多德就明确指出，既然政治的目标是为人的完善提供基本条件，那么它首先就需要探讨人的完善意味着什么。正因此，亚里士多德认为，对善的研究"属于最高主宰的科学，最有权威的科学"即政治学，因为"正是这门科学规定了城邦需要哪些科学，哪一部分人应该学习哪一部分科学，并学习到什么程度"②。从亚里士多德的思想逻辑来看，他显然是把《伦理学》看作《政治学》的上篇，或者说把《政治学》视为《伦理学》的下篇。

韦伯之所以主张价值中立，是因为在他看来，价值问题是理性分析无法解决的问题，而科学，特别是社会科学，如果还希望跻身科学殿堂的话，只好让出价值探究这块传统领地。说穿

---

① 尼科洛·马基雅维里：《君主论》，潘汉典译，北京：商务印书馆1985年版，第120页。
② 亚里士多德：《尼各马科伦理学》，《亚里士多德全集》第八卷，第4页。

第三章 现代政治中的理性主义：价值与困境

了，这是一种丢车保帅的策略。不过，西方近现代理性主义对价值的摒弃，实际上从霍布斯就已经悄然开始了。他对人进行的极度简化已经把人化约为单纯的生存欲望的载体，维持生存之外的其他各种价值取向客观上也就失去了立足之地。应该说施特劳斯在这一点上非常敏锐。他发现，像霍布斯和洛克那样的思想家在把人的生命、财产和自由视为自然权利，要求由国家加以保护的时候，实际上已经在暗中悬置了道德和价值的问题。"就霍布斯试图以对人的科学理解替代对人的'常识'理解而言，他危及了作为一种规范科学的政治科学，并且为我们时代'价值中立'的政治科学做好了准备。"① 洛克则更进一步，在他那里，"人，而不是人的目标"成了"道德世界的中心或者起源"。② 生命的价值在哪里？财产用来干什么？什么才是自由追求的目的？他们对待这些问题的态度是一概避而不谈。或者说，无论一个人如何度过他的一生，如何使用他的自由，如何花费他的财产，他的这些权利都必须得到保障。如此说来，霍布斯也罢，洛克也罢，事实上已经价值中立了，只不过在西方政治思想史的脉络中，人们并没有使用"价值中立"这个说法，而是提出了另外一套概念，即强调"权利先于善"的"义务论"（deontology）。这也从另外一个侧面表明，自由主义这种价值要成立，首先就必须以人们对其他价值采取"中立"态度作为前提。

在政治思想中，关于"权利先于善"还是"善先于权利"的争论，涉及的是到底首先应该澄清何者为善，还是首先保证人们选择各自所理解的善的权利的问题。比如，是应该首先确定什么

---

① Leo Strauss, "On the Basis of Hobbes's Political Philosophy," in *What Is Political Philosophy? And Other Studies*, p. 181.
② Leo Strauss, *Natural Right and History*, p. 248.

是自由，还是首先保证每一个人自由探讨什么是自由的权利。前者对应于政治上的现代自由主义，也对应于科学研究中的价值中立；后者对应于古典的政治思想。之所以把前者分为政治上的自由主义和科学研究中的价值中立，而把后者统一称为古典的政治思想，是因为政治立场与科学态度的两分原本就是近代西方政治思想的产物，也就是价值与事实两分的结果。相反，古典政治思想虽然有不同的流派，体现不同的政治立场，但在思想家们看来，这些不同的政治立场恰恰需要学术研究予以支撑，而不是像现代理性主义思想家们实际主张的那样，把政治立场交由非理性的力量决定，理性研究的对象则只能是事实性的问题。

从现代理性主义者的角度来看，古典政治思想是"滥用了理性"，即运用理性的方法去触碰了价值领域，因而不能享有科学的美名。但如果站在古典政治思想的立场上看，现代理性主义者恰恰阉割了理性，拱手让出了人之为人最重要的特质。如何看待这两个截然相反的判断呢？或者说，价值问题是否可以用理性的方式加以讨论呢？

休谟实际上已经证明，单纯使用逻辑规则以及建立在逻辑规则基础之上的理性方法，是不可能证明任何价值命题的，原因其实很简单：任何一种逻辑推演都需要一个基本前提，而这个前提本身不可能是逻辑的结果。另外，价值命题也不能建立在经验归纳的基础之上，因为经验表明，不同人群和不同时代的价值规范彼此相异，甚至相互冲突。这就形成了价值问题上的两难。休谟的这个发现迫使康德进行了两个方面的尝试。一方面，他试图在价值问题上采取一种形式化的原则（主要是一种"普遍化"的原则，要求一项道德规范从原则上看必须能够得到所有人的赞

第三章　现代政治中的理性主义：价值与困境

同），即通过程序性而非实质性的方法，得出某些具有价值内涵的命题。这种形式化的原则有"不仅把别人当工具，同时也要把别人视为目的"① 等。这里的工具也罢，目的也罢，都没有进行实质性的规定，没有具体说明是什么样的工具和什么样的目的，这就是"权利先于善"这种主张即义务论的来源。另一方面，康德保留了一个"自由王国"的范畴，供人们追求和信仰，但它超乎理性，因而也不可能通过理性得到理解与描述。

康德的尝试固然值得钦佩，但他的方案并不能令人满意和信服。因为他对理性的理解过于狭隘，即把理性等同于逻辑性，而严格地讲，形式化的原则即程序主义的方法本身还是建立在逻辑规则的基础之上，它们的有效性仍然要以逻辑规则的有效性为前提。至于对"自由王国"的保留，虽然为价值和信仰保留了一席之地，但毕竟它们已经进入了非理性的领域，从而开启了韦伯"价值中立"原则的先河。因此，如何超越康德，就成为此后那些不愿意放弃探讨价值问题的思想家（包括尼采和海德格尔）为自己提出的一项根本任务。

就是在这个方面，德国思想家哈贝马斯提供了一种富有启发性的思路。他对不同判断的有效性（validity）② 标准进行了区分，比如事实判断的有效性标准是符合性，逻辑判断的有效性标准是自洽性，价值判断的有效性标准则是正当性，等等。哈贝马斯强调指出，这些有效性标准不可彼此混淆。价值领域的正当性标准既非符合性的标准，即与某种客观现象相符合，亦非自洽性的标准，即与某个一般性原则相一致，而是基于人们之间通过语

---

① Immanuel Kant, *Groundwork for the Metaphysics of Morals*, Allen W. Wood, trans. and ed., New Haven and London: Yale University Press, 2002, p. 47.
② 这是 20 世纪以来西方哲学思想中用来代替真理性的概念。

言性的交往行动所达成的共识。哈贝马斯把这种在共识基础上形成的有效性标准称为交往合理性。① 交往合理性概念是哈贝马斯著名的交往行动理论的核心。也就是说，在哈贝马斯看来，理性不止一种，逻辑性只是其中之一，交往合理性是与人类实践行为相关的另外一种合理性。

当然，用什么样的方式确立价值规范，这依然是一个有待探索的问题，以下提出的仅仅是一种方向性的建议。首先，如上所述，价值规范显然不是形式逻辑推理所能够建立的，因为它们是逻辑推演的前提。在这个问题上，哈贝马斯的交往行动理论，中国传统的贯通天地鬼神、跨越古今后世的对话②，甚至尼采的超人创造价值的理论，以及海德格尔提出的一个民族对历史性天命的体认和天地神人四位一体的理论，都可以为我们提供有益的参考。

其次，价值规范的起源可能是多元的，不必像康德那样排斥价值规范方面的功利主义的基础，甚至也不必排斥进化论的基础。从历史和经验来看，任何为人们所共信共守的价值规范都不可能是那些会给人们的生活带来灾难的原则，或者说，人类文明发展的历史已经把人们的根本利益与基本的道德原则捆绑在一起。《周易》讲"'利者'，义之和也"③，说的就是这个道理。换言之，天下人的利益就是价值原则的根本之所在。由此也可以推断，价值规范必定有一种进化论的基础，即那些不利于一个民族、一种文化生存和发展的规范一定会在生存竞争中被淘汰——

---

① 参见哈贝马斯：《交往行为理论：行为合理性与社会合理化》，曹卫东译，上海：上海人民出版社2004年版，第10页。
② 详见本书第四章第二部分。
③ 《周易·乾·文言》。

第三章 现代政治中的理性主义:价值与困境

当然,不一定是生物意义上的淘汰,而可能是文化意义上的淘汰。比如说,假定某个民族把以邻为壑而不是相互帮助作为价值规范,那么这个民族一定会在历史性的竞争中失败,因为它不可能使自己的成员团结起来;又或者某个民族把两性自由的结合而不是稳定的婚姻与家庭关系作为价值规范,那么这个民族也会在文化竞争中失败,因为在缺乏稳定的婚姻与家庭关系的情况下,这个民族不可能对下一代进行相对良好的教育与培养,从而会导致文明水准的不断下降。

最后,价值规范如同审美标准一样,可能内在于人的某种心理结构。类似于"爱美之心,人皆有之",在价值规范方面,也存在一种"榜样的力量",这就是孔子所说的"君子之德风,小人之德草。草上之风,必偃"[①]的道理。中国古代思想在道德教育方面特别注重言传身教,而且强调身教重于言教,这正是基于对榜样力量的深刻体认。崇高的道德行为自然拥有一种比语言更强大的感召力。这种感召力也许难以用语言加以表达和说明,但它的确存在于人们的生活之中。只要我们摆脱西方理性主义传统中语言中心主义和逻各斯中心主义的影响,情况就会大不相同。

总之,在价值问题上,应该采取一种多元的、开放的,同时是进取的态度。一方面固然需要避免陷于价值上的独断论,另一方面也不必因此而陷入价值虚无主义。义务论宣称权利先于善,即首先必须保证人们进行选择的权利,但只有首先明确权利是一种善的时候,这个论题才得以成立。两者之间恐怕不是孰是孰非的问题,而是如何把握它们各自的分寸的问题。我们可以允许甚至鼓励人们进行尽可能多的选择,但也可以设定某些必要的

---

① 《论语·颜渊》。

限度；明知前面是无底深渊，就没有必要进行无谓的尝试。

二、政治的平等与社会的差异①

现代政治是一种建立在平等主义基础上的政治。对平等的追求，可能与人类文明具有同样久远的历史，甚至具有某种生物性的基础。根据生物学家的观察，某些动物也具有平等的意识。美国政治学家罗伯特·达尔在引用一个证明卷尾猴也有平等意识的动物实验之后指出："如果人们看到在有关方面与自己相当的人得到了不平等的酬劳，那么他们就会有一种天生的敏感性。"无论人们用什么样的概念来描述这种敏感性，像"对不平等的反感""羡慕"或者"嫉妒"等，这都意味着"一些被人视为不平等或者不公平的事会引起他们强烈的情感反应"②。这就是说，人类对平等的追求有出自天然的一面。上文提到，在亚里士多德的政治思想中，平等已经成为公正的一个重要部分，即所谓的公正就是对同等的事物平等相待，对不同的事物区别对待。

亚里士多德虽然强调政治平等的重要性，但并没有对平等的思想基础进行深入的分析，而只是强调对平等的追求是人性的一个重要方面。在这个问题上，古罗马共和主义思想家们做出了非常重要的理论贡献。在他们看来，人与人之间之所以相互平等，是因为他们都具有理性，能够理解自然法的基本内涵。比如西塞罗就明确指出："既然法律是公民联盟的纽带，由法律确定的

---

① 本节内容有一部分已经发表。见唐士其：《政治中的差异与平等》，《政治学研究》2018年第2期。
② Robert Dahl, *On Political Equality*, New Haven and London: Yale University Press, 2006, p. 39.

第三章 现代政治中的理性主义：价值与困境

权利是平等的，那么当公民的地位不相同时，公民联盟又依靠什么法权来维系呢？要知道，要是公民们不愿意均等财富，要是人们的才能不可能完全一致，那么作为同一个国家的公民起码应该在权利方面是相互平等的。"① 因此，在西塞罗看来，理性、平等和自然法实际上是一种三位一体的关系。人因理性而平等，这种观念显然对近代西方理性主义内含的政治平等主义产生了重大影响。

在罗马共和主义思想中萌芽的权利平等观念②，经过中世纪基督教关于上帝面前人人平等的思想的强化，最终成为人生而平等的普遍信念，并且以每一个人都享有平等的天赋权利（如洛克所主张的生命、财产、自由等方面的权利）的形式，成为近代西方自由主义政治思想的基础。

上文讨论过霍布斯对平等的理解。虽然他的这种理解主要是从事实出发，而不是像洛克那样，强调人们在权利方面的平等，但权利的平等毫无疑问同样也是霍布斯关于自然状态及社会契约的思想的基本前提，特别是后者。社会契约之所以需要每一位社会成员予以同意，而且每一位成员的同意都具有相同的分量，这一方面固然体现了契约的自愿性质，另一方面也恰恰因为它以每一位社会成员在理性方面的平等为前提。社会契约虽然是一种假想的政治过程，或者说是一种"思想实验"，但它在理论上却具有十分重要的意义，在实践方面也产生了重要的影响。它

---

① 西塞罗：《论共和国 论法律》，王焕生译，北京：中国政法大学出版社 1997 年版，第 46 页。
② 《查士丁尼法典》中就有"人人生而自由"的表述。(*The Institutes of Justinian*, Tit. II, Para. 2.) 托马斯·阿奎那也曾经表示"所有人自然平等"。(Thomas Aquinas, *Political Writings*, R. W. Dyson, ed., Cambridge: Cambridge University Press, 2004, p. 69.)

不仅把每一个社会成员政治权利的平等作为国家的规范性基础，而且使权利或者资格意义上的人与人之间的平等成为一种政治上的、实际所有物意义上的平等，也就是个人（公民）的政治意志的平等。这就意味着，社会契约论从人们平等的自然权利中创造出了一种新的权利，即平等的政治权利。或者更确切地说，是拥有自然权利的人们，在缔结社会契约以建立国家的过程中，通过出让一部分自己的自然权利（自然的自由），换取了只有在国家中才有意义的政治权利。

经由订立社会契约过程予以确认的公民平等的政治权利，对于西方近现代政治制度的建立和发展具有重要的意义，因为它最终体现为在政治选举或者政治决策过程中一人一票的原则，从而也成为民主政治的基础。因此，虽然西方国家在近代早期都对公民的选举权进行了十分苛刻的限制（主要是通过性别和财产资格），但这种限制，特别是对选举资格的财产限制，只能被理解为旧制度的残余。因为近代以前西方国家的立法机关其实主要是决定税收的机关，是国家征得纳税人同意的机关，所以理所应当需要对其成员是否具有纳税的能力予以考虑，而一旦这个机关更多地转变为制定法律即形成公民共同意志的机构，那么这些限制就会明显地失去其正当性与合法性。因此在日后，基于财产资格和性别差异的对公民政治权利的限制一再被突破，直到最后发展为全民普选权制度。

自由主义虽然建立了一种平等的、最终可以民主化的政治，但自由主义本身又拒绝任何形式的，特别是来自国家的对自由的干预，也就是说，自由主义又内在地具有反对平等主义的特质，或者说自由主义内在地倾向于人与人之间的差异，所以像卢梭那样试图让人们同时得到平等和自由的思想家只是异类。为了在自由与平等之间维持某种基础性的平衡，自由主义的政治设计包含了两个方面的基本逻辑：一是明确划定政治领域的范围，这一点通过国家与社会的区分予以保证；二是对政府职能施以严格限制，即奉行有限政府的原则。这样，自由主义就分别从外延与内涵两个方面捆住了平等政治的手脚。国家与社会的区分就是公与私的区分，它使政治权力只能作用于公共领域。有限政府的基本原则是"管得越少的政府是越好的政府"，"什么都不管的政府是最好的政府"[①]，也就是"小政府""守夜人的政府"的原则。这样一种政治设计的根本目的就在于，最大限度地保证公民在政治领域中的平等与在政治领域之外的差异并行不悖。

按照这种设计，公民的政治权利作为一种派生性的权利获得了实质的相互平等，但其行使受到严格限制。自然权利作为本源性的权利，则被移到政治之外，并且保留其资格性权利的特征。实质的权利意味着这种权利可以落到实处，即公民的确享受了平等的投票权；资格的权利则适合于从否定的角度加以理解，即它们不可受到侵犯，但并不需要真的成为事实，比如公民的生命、财产、自由等方面的权利不可剥夺，但并不要求它们在每一个人身上实现，至于这些权利的平等也并非真正的平等，而只是都应该得到平等的保护。也就是说，公民在政治领域，特别是在选举与投票的时候拥有平等的实质性权利，但在政治之外，他们的权利只在资格意义上相互平等，而在实际上相互差异。这种设计的政治含义是：人与人之间自然的和社会的差别不再具有政治上的

[①] Henry David Thoreau, *Walden and Civil Disobedience*, Owen Thomas, ed., New York: W. W. Norton, 1966, p. 224.

意义，同时也屏蔽了政治上的平等权利对自然与社会差别加以干预的可能。政治之外即社会领域存在的或者产生的任何一种利益或者价值，都具有相互平等的、不受国家权力或者说政治权力干预的资格，国家既任由其自然繁荣，也任其自然消亡。政治领域与非政治领域被隔离开来。

自由主义这种"平等的东西归政治，差异的东西归社会"的设计，无论在当时还是在现在都有非常积极的政治意义。通过保障公民平等的政治权利，可以防止人与人之间自然的和社会的差异转变为政治上的不平等，从而既消除了某些特定的个人或者社会集团对其他人进行政治压迫与政治歧视的可能，也尽可能地防止了国家出于政治立场或者政治利益对某些个人或者社会集团施行政治迫害的可能性。另外，这种政治设计也试图防止公民的政治平等外溢到社会领域，导致政治之外的过度平等，而这是自由主义的本质所决定的。毕竟这种政治理念的根本目标，是保障公民的自然权利。就此而言，社会契约论只具有工具性的价值，其根本目标是建立一套能够保障公民权益的合法的政治秩序，但又不能让这种秩序反过来威胁到这些权利本身，并且最大限度地保障公民之间自然的与社会的差异，也就是公民的自由。

当然，后来的历史进程并没有完全按照古典自由主义的设计展开。究其原因，首先是这种"平等的东西归政治，差异的东西归社会"的安排，根本不可能满足那些希望通过政治手段改变其自然与社会不平等的社会力量的要求。其次，由于政治具有强制的力量，具有强大的资源提取和社会动员的能力，因此它不可避免地也会把自身的逻辑推向社会。正如差异的政治会把人与人之间的某些差异凝固化和扩大化一样，平等的政治也具有一种内在

第三章　现代政治中的理性主义：价值与困境

的趋势，要求政治领域的平等向其他领域扩展。

因此，自由主义的政治秩序自其产生之日起，就受到来自各个方面，特别是社会下层，事实上也是社会的大多数的挑战。他们不可能让平等止步于一个狭小的、对社会不可能发挥根本性影响的政治领域。作为各种推动社会走向平等的政治运动的成果，政治上的平等逐步在三个方向上向政治之外延展：往上是精神文化领域，往下是社会经济领域，横向则是国际社会。这样的一些运动甚至导致了对自由主义的替代制度，即社会主义。至少在其传统意义上，社会主义的一个基本特点就是让平等尽可能地扩展到社会的全部领域。

在过去两百多年的历史中，西方社会的确变得越来越平等。经济上，通过国家干预建立了广泛的社会福利制度，但与此同时经济活力和竞争力也受到了一定程度的影响；文化上，大众的受教育水平有了整体性的提高，但人们的思想和追求却变得越来越均等化，精英文化不断受到大众文化的挤压，整个社会变得越来越失去了文化意义上的立体和深度；在价值和伦理的维度，一方面社会变得越来越包容和开放，另一方面人们也失去了一些共同的基本规范，取而代之的是政治的多元主义和相对主义，甚至是虚无主义。

平等向国际社会的扩展，一方面在一定程度上改善了落后国家的社会经济状况，另一方面又带来了移民和难民问题。移民和难民本来是另一个国家的公民，但是按照自由主义基本的政治理念，他们作为人又都具有与接收国的公民同等的人权，因而应该得到起码的生活保障。然而站在接收国公民的立场上说，让原本与他们并没有任何关系的人分享他们的劳动成果（经济和社会权利），甚至参与决定他们的命运（政治权利），似乎又有失公平，特别是在难民和移民人数大大增加，超出了接收国的能力，甚至给接收国带来各种社会、经济和安全问题的时候，矛盾就会更加突出。

从移民和难民的角度来看，他们首先会要求获得生存的权利，下一步他们自然会要求与接收国公民同等的就业的权利、同工同酬的权利。当然出于可想而知的原因，他们会感觉到自己在所移入的社会往往受到各种不公正的待遇，而要改变这种状态，他们就会进一步要求政治上参与的权利。但是，实际上移民和难民的文化传统或者宗教背景往往与接收国有一定的差异，因此他们的政治参与会给接收国的社会政治生活带来什么样的影响（这里暂且不说移民和难民在社会经济方面带来的影响，像与接收国公民竞争就业机会、分享社会福利等），就成为这些国家不可能不严肃对待的问题。比如说，欧洲数百年来已经形成了政教分离的传统或者说基本原则，而伊斯兰教则是一种政教合一的宗教，甚至一座清真寺就可能兼具宗教、政治、经济和文化职能。在一个政教分离的国家，如何处理一个政教合一的群体，这显然是一个两难，因为无论宽容还是不宽容这个群体，都意味着违背了这个国家自身基本的政治价值。看起来，移民和难民问题对自由主义的政治社会秩序提出了一个根本性的挑战，它将在实践中测试这种秩序能够容许平等向社会领域扩展到多远。

在西方国家平等不断地从政治领域向社会领域扩展的同时，差异也开始从社会领域向政治领域内渗，其中一个突出的表现就是"认同政治"的问题。认同政治出现于20世纪60年代，有 politics of identity、identity politics 和 politics of recognition 等

第三章　现代政治中的理性主义：价值与困境

不同的称谓，本书统称为认同政治。所谓认同政治，简而言之，就是一些具有相同的处境、特殊的利益或者持有特定政治主张的个人，通过结成某些群体（事实上或者观念上的），要求在既有的政治框架内为自己谋取特殊的权利或者特别的待遇。此类待遇的获得，在美国称为"认肯行动"（affirmative action），在欧洲则称为"积极行动"①（positive action）。提倡认同政治的群体有自然形成的，如少数族群；也有出于某些文化和价值因素而产生的，如女性主义群体或者某些具有特殊性取向的群体等。对于认同政治的要求，不同的国家反应有所不同，但似乎没有哪个国家公开反对。区别只在于，有的国家仅赋予此类群体社会经济领域的权利（如美国），而有的国家则赋予它们比其他群体更多的政治权利，比如让它们在国家的立法机关中拥有更大比例的代表权，或者为它们单独设立特殊的协商议事机构等（比如欧洲一些国家）。

认同政治的出现有其结构性的根源，直观上当然是自由主义民主本身具有的一个制度缺陷所导致的结果：在多数决定的体制下，某些特定的少数总是无法通过成为多数满足他们的要求，实现他们的权利。从更深层次看，一些人会认为自由主义的政治设计包含了一种内在的"暴力结构"，因此有些问题根本不可能通过这种制度的规范形式得到解决。比如在某些女性主义者看

---

① 可能与传统上的"积极的权利"（positive rights）这个概念相关。首先提出这一概念的是英国政治思想家格林（T. H. Green），这个概念是指通过国家帮助而实现的公民权利，与由于缺乏国家的行动而最终不能实现的权利即"消极的权利"相对。比如公民享有出版的自由，但对一个没有条件接受系统教育的人来说，这种权利因为根本不可能实现而只能是"消极的"，如果政府为其提供受教育的机会，那么就有可能使之转变为"积极的"权利。这一对概念与伯林（Isaiah Berlin）区分的"消极的自由"和"积极的自由"不同。

来，在一个仍然由男性主导的社会中，政治权利平等实际上强化了男性对女性的支配地位。① 正是这类问题的存在，促使那些在不同领域不可能通过多数决定的程序解决自身利益诉求的个人或者群体，转而诉诸他们自己与多数的差异，并以这种差异为由为自己争取权利。就此而言，认同政治也可以被称为"差异的政治"②。

认同政治这样一种针对某些特定少数制定特殊的法律或者政策、对其予以特殊对待的做法，在一些情况下主要是为了维持更大的共同体即国家的存在而采取的妥协，特别是面对少数族裔（比如加拿大的魁北克人、英国的爱尔兰人、法国的科西嘉人等）所提出的要求时更是如此，否则这些大共同体就有可能面临分裂的威胁。但从根本上说，认同政治所依据的基本原则，并不超越自由主义的价值范畴。少数群体要求的同样是自由、平等、公正，只不过他们认为在现有的制度框架内这些要求难以得到满

---

① "男性的生理定义了大部分的体育，他们的需要定义了汽车和健康保险的种类，他们共同炮制的理想人生定义了对工作的希望和事业成功的标准，他们的期望和关注定义了学术的性质，他们的经历与困惑定义了什么是业绩，他们的生活目标定义了艺术，他们在军队中服役的体验定义了公民道德，他们彼此无法和平相处这一事实——他们相互之间的战争和统治——定义了历史，他们的形象定义了上帝，而他们的生殖器官则定义了性。"（Catharine MacKinnon, "Difference and Dominance: On Sex Discrimination," in C. MacKinnon, *Feminism Unmodified: Discourses on Life and Law*, Cambridge, Mass.: Harvard University Press, 1987, p. 36.）

② 认同政治在其首倡者查尔斯·泰勒那里还是比较温和的。他根据亚里士多德的观点，并且套用自由主义的逻辑，认为真正的平等在于对相同的人平等相待，不同的人区别对待，尚未明确涉及群体的问题。（Charles Taylor, "The Politics of Recognition," in C. Taylor and A. Gutmann, eds., *Multiculturalism and The Politics of Recognition*, Princeton, N. J.: Princeton University Press, 1992, p. 39.）但随后的一批学者就进一步把个人意义上的平等引申到群体，并认为只有群体的权利得到承认，个人的权利才有可能得到保障，这是真正意义上的认同政治。（Cf. Seyla Benhabib, *The Claims of Culture: Equality and Diversity in the Global Era*, Princeton, N. J.: Princeton University Press, 2002, p. 53.）

第三章 现代政治中的理性主义：价值与困境

足，当然从某种意义上看事实也的确如此。因此，认同政治实际上是利用自由主义的原则来反对一个更大的共同体内部自由主义的政治安排，但认同政治的结果却有可能伤害这个大共同体的自由主义政治秩序。从结果上看，多数的妥协的确保护了特定的少数，也避免了共同体的分裂，或者防止了共同体内部可能趋向激化的社会政治矛盾，但同时又会鼓励人们进一步依靠抱团的办法争取一些团体性的权利，从而有可能会瓦解自由主义的政治基础，即个人权利这一根本的原则。

因此，在如何看待认同政治的性质这个问题上，学者们的看法出现了巨大的分歧。支持者认为，认同政治是通过扩展个人自由的政治逻辑，有效维护某些特殊群体特别是少数和弱势群体利益的必然选择。反对者则认为，这样一种对群体赋权的做法，最终将会使社会分裂为大大小小的特殊利益团体，结果是"只有认同而没有政治"[1]，从而可能既产生新的不公正[2]，又会加剧不同群体之间的矛盾与冲突，导致"对圈外人的排斥和对圈内人的强制"[3]，甚至侵蚀公共精神，导致共同体的破裂[4]。因此，有反对者甚至认为，解决认同政治带来的问题的最好办法，就是"把对认同的要求从政治中完全移出"，也就是让这些要求重新回到社

---

[1] Susan Hekman, "Beyond Identity: Feminism, Identity and Identity Politics," *Feminist Theory*, No. 1, 2000, p. 302.
[2] Brian Barry, *Culture and Equality: An Egalitarian Critique of Multiculturalism*, Cambridge: Polity Press, 2001, pp. 325–326.
[3] Elizabeth Kiss, "Democracy and the Politics of Recognition," in I. Shapiro and C. Hacker-Cordón, eds., *Democracy's Edges*, Cambridge: Cambridge University Press, 1999, p. 194.
[4] Jean Bethke Elshtain, *Democracy on Trial*, New York: Basic Books, 1995, p. 74; David Miller, *On Nationality*, Oxford: Oxford University Press, 1995, p. 132.

会，最终实现一种"超越认同的政治"①。

以上相互冲突的观点孰是孰非，至今仍然众说纷纭。但有一点是可以肯定的，就是认同政治给传统的自由主义政治秩序带来了一些根本性的挑战。自由主义兴起之时，一个根本的动因就是对中世纪身份政治的反抗。因此，按照自由主义的基本逻辑，一个人所拥有的权利不能来自他的身份（status），即他作为某个特殊群体的成员资格，或者说他的政治、宗教和阶级归属。在自然状态下，人的自然权利来自他的个人人格；在建立国家之后，公民权利部分来自他的个人人格，部分来自他的公民身份。这就意味着，因为认同政治承认的是群体的而非个体的权利，所以的确有可能导致社会的集团化和碎片化。因此，有学者不无担忧地指出："随着数量众多的族群和社会运动为团体的平等和文化上的认同而斗争，一个支持政治普遍主义逻辑的选民群体已经不复存在。"② 美国政治家本哈比布也认为："让个人通过从属于集团性的斗争而获得真正的自我（认同）"，这"在理论上是错误的，而在政治上是危险的"。③ 因此，有人认为"认同政治取消了政治上的普遍主义以及公域与私域的划分"④，而这两点恰恰是自由主义政治的两根支柱。如果彻底放弃这两者，自由主义的政治就完全蜕变为差异政治了。只不过，与传统的差异政治不同的

---

① Susan Hekman, "*Beyond Identity: Feminism, Identity and Identity Politics*," p. 303.
② Daniel Béland, "Identity Politics and French Republicanism," *Society*, Vol. 40, No. 5, 2003, p. 70.
③ Seyla Benhabib, *The Claims of Culture: Equality and Diversity in the Global Era*, p. 53.
④ Daniel Béland, "Identity Politics and French Republicanism," p. 66. 这位作者指出："如果说法国大革命的参加者以及他们的共和主义的继承者是以普遍主义的名义，为废除贵族和社会特权而战的话，那么认同运动及其智识上的追随者则往往因为具体的社会差异和特定的经济需求而拒绝形式上的普遍主义，虽然他们要求的是民主的进一步深化，而并非回到旧制度。"（Ibid., pp. 70-71.）

是，这种差异既非经济的，亦非身份的，而是"认同"的，也就是说，它带有极强的"建构"色彩。

平等向社会领域的扩展，以及认同政治的出现所体现的差异向政治领域的内渗，说明传统自由主义在平等与差异、政治与社会之间划定的界限已经陷于两翼失守的状态。当然，历史地看，这种情况的出现也可以被理解为西方国家一直试图在这两对关系体现的四个维度之间寻找某种动态的平衡，所以这个过程中充满了争论、矛盾甚至冲突，而且还表现出一定的可逆性。20世纪70年代以后新自由主义（neo-liberalism）的兴起，就把西方国家社会经济权利的平等大大地向后拉了一程。历史的曲折变化固然是多方面因素共同作用的结果，但它也至少表明，要通过理性的手段，在人与人的平等与差异之间寻求某种确定的关系，并不是一件容易的、一劳永逸的事情。

另外，自由主义在维持平等与差异，或者说政治与社会的边界时，之所以会出现两翼失守的情况，与这种"平等的东西归政治，差异的东西归社会"的设计本身所包含的矛盾是有内在关系的。因为从根本上看，一种完全无差异的政治就像"圆形的三角"一样是不可能的事情，毕竟政治本身就是差异的体现，是一种统治与服从的关系，在极端情况下，甚至是"敌我关系"。自由主义政治也不可能消除统治者与被统治者之间的差别。当然，早期自由主义的性质决定了它拒绝接受任何社会特权和政治特权，因而提出了一套所谓"自然贵族"的理论，相信自由主义的政治制度能够把品行和能力出众而非出身高贵的人推举出来成为政治领袖。据称，杰斐逊是最早提出"自然贵族"这个概念的人。他认为："最好的政府形式，能够最有效地通过单纯的选举,让自然的贵族(natural *aristoi*)担任政府职位。"① 潘恩和密尔等政治思想家之所以支持代议制而非古希腊时期所实行的直接民主,其基本的理由也是代议制能够选举更有能力的人领导国家。比如潘恩认为:代议制保证"不让知识和权力脱节",而且"可以把世袭制的愚昧和简单民主制的不便一扫而空"。② 密尔也套用柏拉图在《国家篇》中所举的例子,认为统治者与被统治者的关系类似于医生与病人的关系,而这种关系的特点就决定了医生不可能在病人的指导下为后者治疗。③ 他因此强调:"我们知道,人民的意志,甚至他们当中大多数的意志最终应该是至高无上的……尽管如此,要判断什么是政治上正确的选择,却不应该依据人民的意志而要依据他们的利益。因此我们的目标是通过劝说而非强制让人民能够自我约束,使他们能够为了自身利益避免直接地、无限制地随意而行。"④

如亚里士多德所言,希腊式的民主是一种让公民轮流担当统治者和被统治者的制度⑤,现代的代议制民主显然与此不同。这不仅因为现代国家的人口与领土规模本身就排除了直接民主的可能性,而且因为代议制民主的提倡者们看到了公民能力与品行方面的差异,并不真正放心由普通民众自己直接管理国家(公民直

---

① Thomas Jefferson, "To John Adams, October 28, 1813," in Paul Leicester Ford, ed., *Works of Thomas Jefferson*, Vol. XI, New York and London: The Knickerbocker Press, 1905, p. 344.
② 托马斯·潘恩:《人权论》,《潘恩选集》,马清槐等译,北京:商务印书馆1981年版,第246页。
③ John Stuart Mill, "Pledges (1)," in A. P. Robson and J. M. Robson, eds., *Collected Works of John Stuart Mill*, Vol. XXIII, Toronto and Buffalo: University of Toronto Press, 1986, p. 491.
④ Ibid., p. 502.
⑤ 参见亚里士多德:《政治学》,《亚里士多德全集》第九卷,第312页。

第三章　现代政治中的理性主义：价值与困境

接管理城邦所带来的各种问题正是柏拉图与亚里士多德等古希腊政治思想家反思希腊民主制的主要原因）。正是出于这一考虑，美国的立国者们在制定未来的政治制度时，刻意区分了民主制和共和制的不同，强调美国未来的政制应该属于后者而非前者。比如麦迪逊认为："民主政体和共和政体的两大区别是：第一，后者的政府委托给由其余公民选举出来的少数公民；第二，后者所能管辖的公民人数较多，国土范围也较大。"[①] 为此，他们除了采用代议制、采用分权与制衡的原则[②]之外，甚至还在总统选举的程序上设计了一个由公民选举出总统选举人团、再由后者选举总统的间接选举的方案。[③] 对于这一设计的目的，汉密尔顿讲得很清楚，就是要保证具有"真正的才能和不同性质的优点"的"德才很杰出的人"担任总统职位，因为"国家治理情况的好坏，必然在很大程度上取决于政府负责人如何"。[④]

问题是，按照政治理性主义或者纯粹的古典自由主义的标准，上面这些考虑在政治上都不正确，因为它们仍然试图在政治领域中保留差异。事实也是如此，在当今的自由主义政治中，虽

[①] 汉密尔顿、杰伊、麦迪逊：《联邦党人文集》，第49页。
[②] 美国的分权制衡实际上包括两个方面：联邦层面立法、行政与司法部门的分权制衡，以及联邦政府与州政府之间的分权制衡。这一措施显然也是对民主本身的一种限制。
[③] 虽然随着美国政党体制的发展，总统选举已经改为全国范围内公民直接对由政党提名的候选人（或者独立候选人）进行投票，但选举人团制度依然存在，而且在计算候选人得票时仍然依据每个州选举人的票数（按照"胜者全得"的原则），而不是选民的实际投票数，这甚至会导致得到选民票数较多的候选人最终失败的结果，因为他得到的选举人票数可能相对较少。根据历史记载，美国至今已经有5位总统是在得到相对较少的选民投票而得到较多的选举人投票的情况下当选的，包括约翰·昆西·亚当斯（1824年）、卢瑟福·海斯（1876年）、本杰明·哈里森（1888年）、乔治·W. 布什（2000年）和唐纳德·特朗普（2016年）。
[④] 汉密尔顿、杰伊、麦迪逊：《联邦党人文集》，第348页。

然认同政治获得了一些突破，但除非建构出某种"认同"，否则人与人之间的自然和社会差异仍然被严禁进入政治领域，也就是说社会中的任何一种利益与诉求仍然具有平等的合法性，政治对人与人之间的差异依然不置可否，亦不受其影响。这样一种做法固然使政治活动能够最大限度地与社会的多样性或者差异性相容，也使现代西方社会能够以"多元性"自我标榜，但同时各种各样的"政治正确"标准又使人们对政治、经济和社会生活中的各种差异小心翼翼，很多问题成为公共讨论的禁区——比如像英国政治学家菲尼斯所列举的那样："是否存在或者在多大程度上存在以族群或者性别为基础的天赋方面的差异，或者性取向是否可以反转，或者性取向与恋童癖之间是否有联系，或者某种民族或宗教的大规模移民对像英国那样的国家是否有影响"，等等。并非这些讨论的结果，而是对这些讨论的禁忌，恰恰反过来成为对自由的"直接限制"。① 美国政治学家桑德尔也认为："民主政治的公共生活不可能长期维持一种因在道德问题上不着边际而形成的温文尔雅的假象，……当政治论辩失去道德色彩的时候，一种要求公共生活具有更广泛意义的压力就会以人们意料之外的方式表达出来。道德上的多数派与基督教右派会以狭隘的、不宽容的道德主义覆盖荒芜的公共空间，自由主义退出的领域也会被原教旨主义侵占。"② 当前民粹主义、保守主义以及各种政治极端主义在西方国家的兴起，恰恰证明桑德尔所言不虚。

当然，对自由主义试图在政治中刬平一切差异的批评（或者

---

① John Finnis, "Equality and Differences," *Solidarity: The Journal of Catholic Social Thought and Secular Ethics*, Vol. 2, Issue 1, 2012, p. 20.
② Michael Sandel, *Liberalism and the Limits of Justice*, 2nd edition, Cambridge and New York: Cambridge University Press, 1998, pp. 216-217.

从正面说可以称之为"担忧"),从近代政治产生之日起就一直不绝于耳。从托克维尔到密尔,从尼采到海德格尔,虽然不同的思想家立论的依据各不相同,但批评的核心都是现代自由主义这种去差异的政治安排。他们怀疑,严格限制人与人之间在智识、能力与道德方面的差异得到适当的政治体现,同时维持社会层面的差异性和多元性,甚至让每一个"元"都具有平等的地位,是否会使社会失去共同的目标和价值原则,使每一位成员失去根本的政治和道义认同,从而造成他们相信"世界上没有恶,只有不同的善"的虚无主义的政治后果。尼采甚至把自由主义政治秩序的建立视为"奴隶道德"占上风的结果①,认为这种政治安排最终产生了一个"末人"(der letzte Mensch)统治的社会。"末人"是"超人"(der Übermensch, overman)的对立面,是最下等的人,同时也是不可能再有任何变化的人。他们没有理想没有追求,只是在对丰裕的物质生活的享受中浑浑噩噩毕其一生。当这种人成为社会的绝大多数,生活中就不再会有任何的新奇与挑战,也不再会有任何的欢喜与忧伤。美国政治学家福山所谓的"历史的终结",就是根据尼采等人的思想,对这种社会的一种批判性描述。

总的来说,自由主义政治的成就与问题,都与政治平等的绝对性以及这种绝对的平等从政治领域向精神文化领域、社会经济领域以及国际领域的扩展有关,因为政治平等的绝对化以及政治平等向其他领域的延展不可避免地与各相关领域实际存在的差异相矛盾、相冲突,而如果借助"政治正确"的标准、辅之以民主

---

① 参见尼采:《论道德的谱系》,周红译,北京:生活·读书·新知三联书店1992年版,第21页。

制的手段，试图人为消除这类差异，则可能反过来导致自由主义的危机。简而言之，政治平等的绝对化是导致认同政治的根本原因，平等向文化精神领域的过度延展可能导致相对主义，向经济社会领域的过度延展可能导致"福利病"和经济效率的降低，而向国际领域的过度延展则导致了西方国家在移民和难民问题上的两难。

如果说政治本身就是人的自然与社会差异的产物，同时又是这些差异的调节器，那么试图把政治完全圈禁在平等领域的做法本身可能就有悖于政治的本性。要真正有效地解决这些问题，在自由主义的基本框架内适当增加一些差异性的政治安排，甚至吸取差异政治的某种制度因素，不失为一种可能的选择。实际上，认同政治的出现、难民和移民问题的压力，以及这些问题引起的西方社会内部的争论，也迫使人们不得不最终做出某种抉择。关键就在于要考虑什么样的差异可以政治化，而什么样的差异不必也不能政治化（当然，同时也需要考虑什么样的平等可以政治化，什么样的平等不必也不该政治化），或者说需要明确回答"什么样的人有资格提出什么样的要求"[1] 这个问题，而这就意味着可能需要超越传统自由主义的基本政治逻辑。

---

[1] Judith Squires, "Equality and Difference," in John S. Dryzek, Bonnie Honig and Anne Phillips, eds., *The Oxford Handbook of Political Theory*, Oxford: Oxford University Press, 2006, p. 483. 菲尼斯引用亚里士多德关于正义的讨论指出："政治中的善"并非简单地平等对待相同者，差异对待相异者；亦非简单地在分配方面采用"几何的平等"（比例的平等），而在交换和补偿方面采用"算术的平等"。从根本上说，更应该关注的是一种得到合理界定的"公共的善"，它们固然必须能够被人们平等地分享，但也应该包含诸多方面的利益与福利。(John Finnis, "Equality and Differences," p. 15；并参见亚里士多德：《政治学》，《亚里士多德全集》第九卷，第148—151页。)

三、理性主义的批判者及其困境

现代理性主义在西方精神世界虽然处于支配地位，但也一直受到各种质疑和批判，也正是因为这些质疑和批判的存在，理性主义才没有走向极端。理性主义的批判者可能来自不同方面，但主要还是经验主义和保守主义，它们分别从经验和传统的角度反对理性主义的本质主义和逻各斯中心主义。即便是在现代理性主义一路凯歌、大获全胜的时候，经验主义—保守主义也并没有销声匿迹，甚至一些理性主义者，比如洛克和孟德斯鸠等，本身就同时表现出经验主义或者保守主义的另一面，也就是说，他们的思想内部存在某些难以调和的矛盾。不过，在理性主义的步步紧逼之下，批判者们只能处于守势。进入20世纪之后，理性主义的批判者们虽然在某些领域数次试图反守为攻，但总的来说仍然陷于困境，表现出某种失语状态。导致这一态势的原因在于，在现代由理性主义主导的思想语境下，一位理性主义的批判者只要开口说话，马上就面临成为理性主义者的危险。也就是说，在一个理性主义占据支配地位的时代，其批判者缺乏必需的思想资源，以及对其思想加以表达的语言手段。

我们可以通过大致列举和简要介绍一下近代以来几位代表性的经验主义—保守主义者及其主张来证明以上的判断。首先是洛克。洛克的哲学思想当然属于典型的经验主义，但在政治上更多地体现出理性主义的特征，他毫无争议地是现代西方政治制度最重要的设计师之一。然后是孟德斯鸠。孟德斯鸠高度注重理性在制度设计中的作用，因此与洛克一同被认为是现代分权与制衡原则的奠基人,但他同时也非常重视那些非制度的因素,比如地理、气候、风俗、文化等,他把它们统称为"法的精神"。① 在孟德斯鸠看来,这种"法的精神"才是任何制度能够发挥作用的基础。再往下是伯克。伯克给人们留下的最深印象,就是他站在经验主义和保守主义的立场上对抗法国大革命体现的理性主义,强调历史传统对一个民族和国家的重要意义。在政治上,伯克反对任何抽象的人权观念,但同时又承认所谓的"英国人的权利",而"英国人的权利是作为祖先的遗产继承下来的权利,而非'人权'一类的抽象原则"②。再到 20 世纪的哈耶克和奥克肖特。前者以"进化论的理性主义"反对"建构主义的理性主义",提醒人们注意政治经济领域除人为设计的制度之外自然形成的"自发秩序"的重要作用③;后者则强调政治的实践性,强调理性主义在政治中的困局,强调科学不过与历史和实践一样,是经验的一种样式(mode),是人们从已知推知未知的一种认识形式,与其他认识形式相比并不具备特别的优越性。奥克肖特强调对传统只能"因应"(intimate),即通过顺应传统而适时地改变传统,但不能对其加以系统化和解构。④ 总的来说,他们都表现出一个共同的特点,即反对理性主义主张的普遍性、永恒

---

① 孟德斯鸠表示:"法律应该和国家的自然状态有关系;和寒、热、温的气候有关系;和土地的质量、形势与面积有关系;和农、猎、牧各种人民的生活方式有关系;和居民的宗教、性癖、财富、人口、贸易、风俗、习惯相适应。最后,法律和立法者的目的,以及和作为法律建立的基础的事物的秩序也有关系。应该从所有这些观点去考察法律。"(孟德斯鸠:《论法的精神》,第 7 页。)
② Edmund Burke, "Reflections on the Revolution in France," in *Select Works of Edmund Burke*, Vol. II, Indianapolis: Liberty Fund, Inc., 1999, p. 120.
③ F. A. Hayek, *The Sensory Order: An Inquiry into the Foundations of Theoretical Psychology*, p. 41.
④ Cf. Michael Oakeshott, *On Human Conduct*, Oxford: Clarendon Press, 1975, pp. 67, 175.

性和确定性,而特别强调事物发展进程中的个体性、可变性和可能性。

当人们思考现代理性主义面临的各种问题的时候,马上会想到这些人的思想和主张。比如当西方国家在20世纪70年代普遍遭遇经济困境之后,全世界出现了一阵"哈耶克热",哈耶克本人也因此在1974年获得诺贝尔经济学奖,因为国家干预经济导致的负面结果,使人们重新思考哈耶克从20世纪30年代就开始并一直持续的对计划经济的批判和对自由市场经济的论证。但问题是:当计划经济和凯恩斯主义没有遇到太大问题的时候,人们为什么没有想到他呢?再比如,在苏联解体前后,全世界又出现了一阵"伯克热",原因是当时苏联暴露出来的问题使学者们重温伯克对法国大革命期间激进政治的批判,以及他早就指出的革命政治可能导致的各种社会问题及危机。同样的问题:在苏联力量的上升阶段,人们为什么就没有想到伯克呢?因此,这些思想家的命运难免让人想到占星术。当事情发生以后,人们倒回去想才感到术士们的预言有多么灵验。但在事情发生之前,尽管他们的预言就在枕边,人们对未来仍然一无所知。

之所以出现这样的情况,原因可能在于理性主义的批判者们的思想,在一个理性主义居于支配地位的时代,除对后者的批判之外,不太可能提供一种对后者的替代方案;即便他们真的试图提出某种替代物,也不太可能被理性主义者们所接受。比如孟德斯鸠的"法的精神"、伯克的"历史性的权利"、哈耶克的"自发秩序"、奥克肖特的"因应传统",以及海德格尔的"诗意地栖居"等,这类"有象而无形"的观念在很大程度上只可意会不可言传,也就是说它们都不符合奥克肖特所说的理性主义要求的能够用语言"明确表达"(formulate)的知识标准,更难以对其进行逻辑的证明。海德格尔虽然没有完全摆脱西方传统的理性主义的影响,坚持"语言是存在之家"①,但还是对逻各斯中心主义、本质主义和主体哲学进行了全面的批判,反复强调不是说话者说话,而是语言在说话②,"人在而且只有在倾听语言的召唤而回应语言之时才第一次开口说话"③。然而从理性主义的角度来看,人怎么能让自己的理性退位,使语言"自己说话"呢?对一位理性主义者来说,他能够想到的就是一位喃喃自语的作法巫师的形象。总之,理性主义的批判者要避免让自己转变为理性主义者,就只能用理性主义所不能接受的方式表达自己。

既然理性主义的批判者们提供的方案难以用语言描述和表达,那么人们在进行政治决断或者在采取实际行动的时候,除了真的依靠占星术之外,只能依据理性的判断,甚至是简单的逻辑推演。进一步探究现代理性主义的批判者们面临的问题,我们就会发现,他们与现代理性主义的对峙,其实并不是在根本问题上的全面对抗。因此,对于现代理性主义的批判者,特别是经验主义—保守主义者,我们也可以称之为"经验的—保守的理性主义者"或者"理性的经验主义—保守主义者",虽然这个称谓未必

---

① Martin Heidegger, "Letter on Humanism," in *Pathmarks*, p. 254;并参见海德格尔:《关于人道主义的书信》,《海德格尔文集·路标》,第395页。
② Martin Heidegger, "The Way to Language," in Peter D. Hertz, trans., *On The Way to Language*, New York: Harper & Row, Publishers, 1971, p. 131;并参见海德格尔:《走向语言之途》,《海德格尔文集·在通向语言的途中》,孙周兴译,北京:商务印书馆2015年版,第264页。
③ Martin Heidegger, "Language," in Albert Hofstadter, trans., *Poetry, Language, Thought*, New York: Harper & Row, Publishers, 1971, p. 216;并参见海德格尔:《人诗意地栖居》,《海德格尔文集·演讲与论文集》,孙周兴译,北京:商务印书馆2018年版,第206页。

第三章 现代政治中的理性主义：价值与困境

严谨，但简单易懂。它意味着，现代理性主义与其批判者思想的区别只在于对知识来源的理解不同，但对于什么是知识，也就是知识的标准问题，它们并没有提出根本不同的回答。

具体说，理性主义者强调逻辑法则是绝对可靠的知识来源，而经验主义—保守主义者则认为逻辑不能带来新的知识，经验和传统才能增加我们对世界的认识和理解。这一点，休谟已经讲得很清楚。但是，由于他们对知识的性质和知识的标准的认识并无二致，所以一旦经验主义—保守主义者贡献出新的知识，他们就只能用理性的知识标准来对自己的结论进行检验。而这种知识标准基本上还是上文提到的亚里士多德提出的科学的标准：必须针对事物不变的本质，必须构建一套逻辑体系，必须用明确的语言加以表达，必须可资验证，必须可以重复。现代经验主义—保守主义的困境就在于此。经验主义—保守主义者当然知道知识的来源各不相同，从亚里士多德到奥克肖特都在强调这一点，所以他们才会强调对不同类别的知识进行区分，强调逻辑的、理性的知识与经验的、传统的知识在性质上的不同。但是，从根本上说，他们不认为存在两种不同的知识。知识只有一种，判断知识有效性的标准也只有一种，所以经验主义—保守主义者才会处于守势，才会失语，才会陷入困境。

可以通过海德格尔和施特劳斯这两个例子具体说明现代理性主义的批判者所面临的困境。首先是海德格尔。海德格尔的哲学目标是反叛本质主义，终结形而上学。当他宣称尼采是最后一位形而上学思想家的时候[1]，他同时也就无比清楚地表明了自己的

---

[1] 参见海德格尔：《海德格尔文集·尼采》上卷，孙周兴译，北京：商务印书馆2015年版，第504页。

立场。海德格尔用"存在/是"①（das Sein，being）替代传统形而上学的本质概念，强调存在/是的时间性，强调人对存在/是进行感知时的相互性和可变性，尤其强调人这种存在/是者（das Seiende）也就是能够反思自身之存在/是的存在/是者的可能性。海德格尔意识到对事物不变的、确定的本质的追求，注定是水中捞月、缘木求鱼、徒劳无功。这当然是一种非常富有勇气且值得赞赏的努力，但是，他面临着前面提到的赫拉克利特的困境。如果说一切皆流、一切皆变，那么是什么、是谁在断言一切皆流、一切皆变？又是相对于什么一切皆流、一切皆变？思想者一定要找到并依托于某个相对不变的存在/是者（对于提出"我思故我在"的笛卡尔来说，这个相对不变的存在/是者就是"我"，因此海德格尔也把近现代理性主义称为"主体哲学"），否则就会陷入诡辩论和不可知论。所以，海德格尔还是需要某个立足点，这个立足点就是某种整体，他在其思想的前期把这种整体确认为民

---

① "存在/是"这个概念在所有西方语言中都是"是"这个系动词的实体化，体现一个事物之"所是"，就此而言可以算与"本质"同义。事物上，"本质"一词本身就是由"是"这个系动词转化而来的。最早使用"本质"概念的亚里士多德称其为 τὸ τί ἐστιν，其中 ἐστιν 就是古希腊语中系动词 εἶναι 的变体。后来罗马人把这个概念译为 essentia，即英语中的 essence。但是，由"是"这个系动词变成的动名词 ἐόν 即英语中的 being 在西方哲学历史上也一直被人们所使用，与 essence 大致同义，研究事物本质的 ontology（本体论）这个词也是由此而来。就海德格尔的情况而言，他使用存在/是即 being 这个概念，有很强的区别于 essence 的含义。在他看来，essence 这个概念体现了形而上学对事物本质的普遍性、永恒性和确定性的理解，而 being 则体现了人与事物之间一种个体的、可变的和可能的联系，因此可以说海德格尔在很大程度上恢复了 being 这个词作为系动词的特点，即一物之所是的时间性和条件性。但是，从他在一些具体场合对这个词的使用来看，他还是多多少少继承了这个概念传统上实体性的含义，即用它来指某种最高的、唯一的实体，汉语中通常用"存在"这个概念来翻译。为了比较确切地体现海德格尔给 das Sein 赋予的含义，本书尝试使用"存在/是"这个多少显得有些奇怪的表达。

族，或者称为历史性的民族，后来又确认为由天地神人构成的"四象"①（das Geviert）。海德格尔试图表明，存在/是的意义不是由某一个存在/是者而是由某种存在/是者的整体所决定。但是，这里的整体又不可能是真正意义上的整体（the whole），否则海德格尔就会再次陷入本质论，尼采之后又产生一位形而上学思想家。这个整体只能是部分的整体，其实就是部分。

这个"部分的整体"，具体来说就是历史、文化、民族等相对完整的精神单元，它们决定了存在/是的意义。海德格尔这样一种对"部分的整体"的理解被称为"整体主义"（holism）。他首先把这种整体论运用于哲学中的解释学，并对解释学产生了重大影响，使其发展为"现象学的解释学"。现象学的解释学强调文本解释中意义在整体和部分之间的循环，即所谓"解释学的循环"，并且影响了政治思想史研究中的"剑桥范式"，后者强调语境在理解政治思想方面的作用。海德格尔的这种"整体主义"如果换一个表达，其实就是contextualism，即语境主义，意味着真理只是在相关的语境当中才具有意义。也就是说，真理具有时代的相对性，也具有群体的相对性；一个时代的真理到了另一个时代就可能不是真理，一部分人的真理对另一部分人来说也可能就不是真理。这里不去分析海德格尔的贡献，只提出一个问题：海德格尔的思想是否体现了某种相对主义甚至虚无主义的特征呢？

施特劳斯就是这么认识海德格尔的。按照他的说法，海德格尔这位"我们时代唯一的伟大的哲学家"原来是一位虚无主义

---

① 中文一般译为"四重整体"。参见海德格尔：《语言》，《海德格尔文集·在通向语言的途中》，第13—14页。

者。① 海德格尔被称为虚无主义者，这恐怕是他无论如何都难以接受的，因为他孜孜以求的就是超越或者说战胜虚无主义，这实在是一个很奇妙的结局。② 实际上，海德格尔与尼采一样，断定虚无主义的根源在于本质主义，在于西方传统的形而上学。正是本质主义的失败（人们最终发现本质难以追寻，或者说根本就不存在），才导致了虚无主义的产生。因此，形而上学本身就蕴含了虚无主义。海德格尔的判断就是："作为存在/是者之本质真理的历史，形而上学就是虚无主义。"③ 与尼采一样，海德格尔认为，克服虚无主义的根本方案是取消形而上学，超越本质主义。但他们两人的努力看来并没有得到世人的普遍认可。正如尼采被海德格尔称为最后的形而上学思想家一样，海德格尔又被施特劳斯称为虚无主义者。

施特劳斯自视为西方理性主义传统的捍卫者。但是，他也承认，现代理性主义由于最终导向虚无主义已经招致"自我毁

---

① Leo Strauss, *The Rebirth of Ancient Political Philosophy: An Introduction to the Thought of Leo Strauss*, p. 29.
② 一位海德格尔的研究者指出："海德格尔从1933年到1934年关于Volk（民族）、劳作、青年、Heimat（故乡）和大学的种种讲座和演讲，就像更早的文章'形而上学是什么？'（1929）和'论真理的本质'（1930）一样，都是对虚无主义问题作出的回应——现在是在新的政治处境下重新赋形了。但海德格尔对于仅仅向时代作出回应还不满意，因为就像他说的：'唯一真正持久的哲学是真正属于其时代的哲学，但那意味着，（它）对其时代有所命令。'"（巴姆巴赫：《海德格尔的根——尼采，国家社会主义和希腊人》，张志和译，上海：上海书店出版社2007年版，第131页。）
③ Martin Heidegger, "Nietzsche's Word: 'God is Dead'," in Julian Young and Kenneth Haynes, trans. and eds., *Off the Beaten Track*, Cambridge: Cambridge University Press, 2002, p. 197；并参见海德格尔：《尼采的话"上帝死了"》，《海德格尔文集·林中路》，孙周兴译，北京：商务印书馆2015年版，第298页。

灭"。① 当然，他同时又认为，这种自我毁灭的理性主义其实并不是真正的理性主义，真正的理性主义是由柏拉图所代表的古典的理性主义。"相形之下，现代理性主义被证明为不过是一种表面上的理性主义"②，或者说"'非理性主义'不过是现代理性主义的一个变种，后者自身就已经相当地'非理性'了"③。因此，施特劳斯并不认同，现代理性主义的"自我毁灭"是理性主义本身导致的结果，而是现代理性主义背离了"前现代的理性主义，特别是犹太教—中世纪的理性主义及其古典（亚里士多德的和柏拉图的）基础"④的结果。因此，施特劳斯认为，古典理性主义的复兴是拯救理性主义的唯一道路。

施特劳斯是一位非常有名的隐微派思想家，所以他的著作十分晦涩难懂，人们甚至从他的著作中读出了完全不同的结论：有人称他为保守主义者，有人则称他为虚无主义者。其实，他所谓的复兴古典理性主义的方案或者说他所理解的古典理性主义及其政治哲学并不复杂，那就是把哲学和政治区分开。就哲学而言，它追求普遍性、永恒性和确定性，但同时也是没有止境的批判和怀疑，是无知之知。因此，哲学应该保留它的根本目标即对本质的追求，因而必须承认它的基础，即本质的存在，但是这一切的前提是让哲学回归到他所理解的古希腊传统，即承认哲学只是对真理的追求而并非真理本身，它为人们提供的应该是问题而

---

① Leo Strauss, *Spinoza's Critique of Religion*, Chicago and London: University of Chicago Press, 1997, p. 31.
② Leo Strauss, *Philosophy and Law*, Eve Adler, trans., Albany: State University of New York Press, 1995, p. 3.
③ Ibid., p. 135, n. 1.
④ Leo Strauss, *Spinoza's Critique of Religion*, pp. 30-31.

非教条。当然，施特劳斯的这一主张并非毫无根据，这一点从古希腊哲学家对自己的称谓就可以看出来：他们称自己为哲学家（philosopher）即爱智慧之人，而把他们所反对的那些自以为是而且通过贩卖知识谋利的没有原则的人称为"智者"（sophist），即拥有智慧之人。① 在施特劳斯看来，近代以来理性主义的危机，就在于哲学把自身变成了教条，甚至变成了一种党派偏见，变成了实用技术，而哲学家则把自己变成了"智者"（现代的称谓是"知识分子"）②，从而背离了哲学的本质。

那么政治呢？施特劳斯的隐微教义之一，就是与哲学的绝对性和开放性相反，政治是相对的，但同时又是封闭的。这就意味着，政治与哲学之间必然存在着一种相互冲突的关系。"哲学是超政治、超宗教、超道德的，而城邦是，而且必须是道德的和宗教的。用托马斯·阿奎那的话来说，只有得到信仰启示的理性才知道必须崇拜上帝，而除权量之外，智识品性并不以道德品性为前提。""哲学是用知识替代意见的企图，但意见是城邦的要素，因此哲学具有颠覆性。"③ 所以哲学与政治分则两利，合则两害。"社会的基础是信仰与意见，因此，哲学或者以知识替代意见的企图必定威胁社会。"④ 也就是说，哲学不可能也不应该替代意见成为政治的基础，因为恰恰是教条、迷信、偏见和传统等构成了这种基础中最基本的组成部分，并且它需要一个保护层，特别是保护自身不受哲学家没有止境的公开质疑与挑战。

---

① Leo Strauss, *Natural Right and History*, p. 115.
② Ibid., p. 34.
③ Leo Strauss and Jacob Klein, "A Giving of Account," in Kenneth Hart Green, ed., *Jewish Philosophy and the Crisis of Modernity*, Albany: State University of New York Press, 1997, p. 463.
④ Leo Strauss, *Natural Right and History*, p. 258.

第三章 现代政治中的理性主义：价值与困境

就此而言，哲学家的政治和社会责任，就在于认清自己的自处之道与社会的共存之道。为此哲学家应该通过隐微的办法表达自己的观念，即把自己的思想"淡化"（dilute），从而在传播思想、启迪智慧的同时，避免从根本上扰动政治的秩序与平衡。"哲学家需要以这样一种方式写作，使他能够改善而不是颠覆城邦。换言之，哲学家的思想的品性（virtue）是某种形式的癫狂（mania），而哲学家的公共言说的品性则是克制（sophrosyne）。"① 因此，隐微就不仅是一种避免政治迫害的写作技巧，而且是哲学基本的表达方式，即便是在一个没有政治迫害的时代，哲学家们也需要遵从此道，谨言慎行，以对政治负责。为了保证哲学与政治的区分，施特劳斯甚至要求把政治家和哲学家区分开，前者是绅士，其特点是对哲学家的精确和执着保持一种"崇高的蔑视"。② 总之，施特劳斯认为，现代理性主义之所以走向"自我毁灭"，就在于它导致了现代社会同时存在的两种趋势：一方面是试图把政治哲学化，即用哲学的方式处理政治问题，而这导致了"现代的僭政"即极权主义；另一方面是试图把哲学政治化，即以处理政治问题的方式对待哲学，这就是虚无主义的根源。

但是，施特劳斯提出的这个把哲学与政治分开的解决方案似乎也不尽如人意。两者相互隔离的结果，很可能是政治失去了灵魂，而哲学失去了动力。没有哲学指导和批判的政治会成为强者弄权的舞台。失去了哲学的政治，在最好的情况下，也不过如同奥克肖特所描绘的那样，成为凄风苦雨中茫茫大海上的一叶扁舟，没有目标、没有航向、没有海图，水手和乘客唯一能够做到

---

① Leo Strauss and Jacob Klein, "A Giving of Account," in *Jewish Philosophy and the Crisis of Modernity*, p. 463.
② Leo Strauss, *Natural Right and History*, p. 142.

的，差不多就是彼此相安无事，并且不要把这艘船弄沉。① 至于只知不断追问而不能为现实提供参考和答案的哲学，则不过是哲学家的自娱自乐。当然，施特劳斯也强调哲学与政治不仅需要相互区分，而且要保留一种不即不离的关系。但如何能够做到不即不离，却又超出理性主义的语言能够表述的限度？因此，施特劳斯在他的一些批判者眼中的形象，又成为海德格尔在他眼中的形象，即虚无主义者。②

---

① Michael Oakeshott, *Rationalism in Politics, and Other Essays*, p. 60.
② Shadia B. Drury, *The Political Ideas of Leo Strauss*, New York: St. Martin's Press, 1988.

第四章
中国的"理"与西方的理性

一、"理"与逻各斯

为了避免西方现代理性主义陷入困境不能自拔，并且助其绝处逢生、另辟新路，人们可以而且也应该尝试多种不同的路径。这里只是提供一种思路，也就是从文化汇通的角度，看看中国的传统思想能否在超越现代西方理性主义的问题上提供一些有益的启示。

海德格尔本人很早就表现出来的对道家和禅宗思想的浓厚兴趣，使不少人猜测他可能从东西方思想交融的可能性中看到了西方思想的未来。但是海德格尔本人从来没有明确表达过这种主张，甚至在某种意义上还拒绝了通过引进其他文化的思想资源拯救西方思想的可能。在他去世之后才发表的一次与德国《明镜》记者的谈话中，他明确表示，要解决西方的问题，不能指望禅宗佛教或者其他的东方经验，所以大概"只有某位神灵能够拯救我们"[①]。这个说法可以理解为他在最终解决现代西方文明——也可以说是现代人类文明——面临的问题方面的失望与迷茫。那么海德格尔为何放弃对东方文明的探求呢？也许是因为他虽然对这种

---

① 参见海德格尔：《〈明镜〉记者与马丁·海德格尔的谈话（1966年9月23日）》，《海德格尔文集·讲话与生平证词（1910—1976）》，孙周兴、张柯、王宏健译，北京：商务印书馆2018年版，第800页。

文明有所感悟，但实在没有办法真正理解。比如说，他曾经请人翻译过《老子》的一部分，而且对此表现出极大的兴趣，但译文只有八章。无论如何，海德格尔对存在/是、对无的体认，确实与中国的道家思想已经很接近，因此在国内外都有不少学者研究海德格尔与道家思想的关系，但是，海德格尔最终毕竟没有能够捅破那一层窗户纸。套用他的话来说就是，要真正理解东方文明，西方不仅没有词汇，而且没有语法。①

也许在回答东方文明或者说中国文明能否为解决西方现代理性主义的困境提供帮助这个问题之前，首先应该澄清两者之间到底存在什么样的异同。当然，这就涉及西方思想与中国思想的比较，而且首先涉及对中国传统思想的理解。应该说，我们现在理解中国传统思想面临的一个很大的障碍，就是常常把西方的一些观念或者把现代人的一些观念带到中国古代思想中去。之所以出现这种现象，是出于各种历史和政治的原因，包括科举制的废除、新文化运动，以及几乎持续整个20世纪的对传统文化的批判等，中国文化的传承出现了明显的断层（也可以说中断）。现在的人们已经很难从本源上认识和把握中国的传统思想，因为他们对传统的理解往往来自现代学者，包括西方学者或者接受了西式教育的中国学者采用西方的概念和范畴对中国古代思想的整理和介绍。这样的结果很有可能是，人们简单地把中国传统思想分为两个部分：一个是与西方相似的部分，另一个就是与西方不同的部分。相似的那一部分自然会面临与西方思想同样的问题，所以也就无所谓为未来发展提供什么借鉴；至于不同的部分，则很

---

① 参见海德格尔：《海德格尔文集·存在与时间》，陈嘉映、王庆节译，北京：商务印书馆2016年版，第55页。

第四章　中国的"理"与西方的理性

可能被贴上传统、迷信、不合理的标签,所以也还是对未来的思想难以有所贡献。不必讳言,这是近代以来中国传统思想研究中普遍存在的一种偏差。

真正有意义的比较,应该是两个思想体系之间的比较,而不仅仅是两个思想体系中那些我们认为相互对应的概念或者意义单元的简单对比,虽然对对应概念或意义单元尽可能完整、准确的理解是对比两个思想体系的前提。在确立每个概念即每个相对独立的意义单元的含义的时候,我们也必须从它所从属的思想体系出发,通过解释学的循环,即依据部分和整体之间的意义关联,明确这个意义单元在体系中的位置及其与其他意义单元之间的关系。只有这样,才能获得对这个单元的完整理解。在此基础上,再试图寻找一套在两个思想体系中都有意义的语言来表述这种异同,并且确定它们之间的相互关系。

下面做一个初步的尝试。既然本书讨论的是西方的理性主义,我们就从比较和辨析中国思想中的"理"与西方的"λόγος"开始,看看能获得一些什么样的发现。"理"是中文用来翻译logos的一个概念,在中文中的确也有道理、原则的含义,所以与λόγος在意义上有相近之处。但我们不能简单地认为两者就是一回事,因为它们在各自不同的意义体系中,发挥着非常不同的功能,并且与其他的意义单元建立了非常不同的关系。我们先看一看在中文语境中"理"的含义。

《辞源》对"理"列出了以下一些解释:(1)治玉,对玉进行加工。(2)治理,申辩。(3)治疗。(4)温习。(5)文理,条理。(6)道理,法则。(这个意义上的用例包括《周易·系辞上》:"易简而天下之理得矣。"《礼记·仲尼燕居》:"礼也者,理也。"疏："理，谓道理，言礼者使万事合于道理也。"）（7）名分。（这个意义上的用例有《礼记·乐记》："乐者，通伦理者也。"注："理，分也。"）（8）顺。（9）狱官，法官。（10）使者。亦指媒人。（11）星名。

把玉与石头分离开，并且根据其本身的纹路加以雕琢叫理。在此基础上引申，治理国家叫理，治疗疾病也叫理。这样一种引申反映了中国传统思想中对治国、治病的基本原则的理解，即这两种行为与治玉一样，都必须遵从事物本身的规律、规则。依理而行，也就是依照事物本身的条理而行，使各个部分相互协调、相互平衡。因此，中国古代文人有一个说法："不为良相，便为良医。"

然后是道理、法则，这就是理的抽象含义了。《辞源》引用的《周易·系辞上》中"易简而天下之理得矣"这句话，说的就是《周易》虽然简明扼要，但体现了天下的道理和法则。下面一个用例"礼也者，理也"更进一步指出，人与人之间行为的规范，也应该是道理与法则的体现，即礼要符合万事万物的道理。第7个含义是名分，这个理解其实也跟我们要讨论的内容有关，所以下面举例说"乐者，通伦理者也"，并且特别强调理是一种分。《荀子》中有"乐合同，礼别异"的提法，说的是礼和乐分别体现了人与人之间差异与平等的方面，或者说礼使人们相互区别，乐使人们协同一致。实际上，道理的"理"和礼乐的"礼"都有"分"的含义。政治当中一定要把人与人之间的相同与相异理解清楚，然后使两个方面配合得当。

可见，在"理"的上述含义中，第6项即道理、法则与西方的 λόγος 是最具相关性的，我们讲理性的时候一定会想到道理、法则。"天下之理"就是宇宙的基本法则。那么我们再进一步追问：在中国传统思想中，"天下之理"具体指的又是什么呢？我们尝试回到整体，就是这句话的出处，即《周易·系辞上》。原文如下："天尊地卑，乾坤定矣。卑高以陈，贵贱位矣。动静有常，刚柔断矣。方以类聚，物以群分，吉凶生矣。在天成象，在地成形，变化见矣。是故刚柔相摩，八卦相荡，鼓之以雷霆，润之以风雨；日月运行，一寒一暑。乾道成男，坤道成女。乾知大始，坤作成物。乾以易知，坤以简能；易则易知，简则易从；易知则有亲，易从则有功；有亲则可久，有功则可大；可久则贤人之德，可大则贤人之业。易简而天下之理得矣。天下之理得，而成位乎其中矣。"

当然，"天尊地卑，乾坤定矣""卑高以陈，贵贱位矣""动静有常，刚柔断矣"等，可以说都是"天下之理"。但如果再往深一层，还可以发现一条更根本的"天下之理"。人们可以注意到，上面这段话中的一系列排比句，通过各种现象和物事的对置，体现的是一种相互对立的事物和力量相辅相成的观念。高低、贵贱、卑高都是成对的，动静、刚柔、天地、日月、寒暑、乾坤也是成对的。这意味着从根本上说，中国传统思想中的"天下之理"就是任何事物都包含了两种相对或者相反的力量、原则或者具体的构成要素，抽象地来讲就是阴阳或者有无之间的相互作用，相摩相荡，曲成万物，变幻无穷。

由此可以看出，中国的"理"与西方的 λόγος 都可以用来指事物的根本法则，但这两种文化对这个根本法则的内容的理解却存在重大的差异。上文提到，西方理性主义的基础是形式逻辑的规则，而这种逻辑规则强调的是单一性或者说同一性。是就是是，非就是非，就是说或者是或者非，不能既是又非或者是非非。这是西方的"理"，它决定了西方理性主义传统对普遍性、永恒性、确定性的执着追求。中国的"理"则恰恰强调是中有非，非中有是，是是非非，亦是亦非，是非即阴阳或者有无之间的关系决定了事物的特点与变化。这是中国传统思想的普遍特征，是中国人所理解的宇宙法则，当然同时也是中国人基本的认识法则和行动法则，体现在中国文化的方方面面。

这就意味着，在中国传统思想看来，一个事物在它的正常状态之下应该是包含矛盾的，没有矛盾的事物反而不正常。西方的 λόγος 则不同，它排斥矛盾，认为一个事物在正常状态之下是不该内含矛盾的。当然，这并不意味着中国思想不讲基本的逻辑，混淆是非黑白，像庄子说的"彼亦一是非，此亦一是非"①，或者各执一端，以己之是，非人之非，近乎诡辩②。实际上，中国思想也讲"逻辑"，前列《辞源》中"理"的含义的第5、6两项都表明，这个"理"也是条理，是规则，是规律，是秩序。在这一点上，中国的"理"与西方的 λόγος 是一致的，也就是说它是混沌无序的反面。但中国的"理"跟 λόγος 又的确很不一样，甚至相互对立，所以双方彼此看上去都会觉得对方很"无理"。这一

---

① 《庄子·齐物论》。
② 原文是："既使我与若辩矣，若胜我，我不若胜，若果是也，我果非也邪？我胜若，若不吾胜，我果是也，而果非也邪？其或是也，其或非也邪？其俱是也，其俱非也邪？我与若不能相知也，则人固受其黮暗，吾谁使正之？使同乎若者正之，既与若同矣，恶能正之？使同乎我者正之，既同乎我矣，恶能正之？使异乎我与若者正之，既异乎我与若矣，恶能正之？使同乎我与若者正之，既同乎我与若矣，恶能正之？然则我与若与人俱不能相知也，而待彼也邪？"（《庄子·齐物论》）意思是：两个人互相反对，各自以自己的观点反驳对方的观点，因为没有一位仲裁者，所以谁也不可能说服谁。即便有一位仲裁者，如果他站在一方的立场反对另一方，则不能算是公正；而如果他的立场异于两方的立场，则也没有办法让两方都同意。

第四章　中国的"理"与西方的理性

点是中国人在理解西方思想的时候要特别注意的。同时还需要时刻记住，用中文的"理"去简单地翻译西方的 λόγος 是不完整的，这种翻译有可能让我们忘掉了中国思想与西方思想的差别，从而也就忘掉了中国传统思想中可能具有的创造性和生命力，一种可能贡献给世界的东西。

通过把中国的"理"与西方的思想原则即 λόγος 相比，可以发现西方推崇的是一种一元体系，而中国人采纳的始终是一种二元体系。一元体系要求任何事情必须"定于一"，但是中国思想认为只有一是不稳定的、病态的，甚至是没有生命力的，一定要有某个相反的因素存在，事物才会是健康的、正常的，可以生存和变化的。当然，这是对事物的不同理解，对事物正常状态的不同理解，或者稍微精确地讲，是从不同角度对事物正常状态的界定。不能简单地说哪一种对，哪一种不对，或者说哪一种好，哪一种不好，因为事物的实际状态恰恰是一中有二，二中有一。没有了一，事物就失去了其存在的根本，就失去了自身的同一性，就不能使自身与他物区分开来，人们也就无从对其加以认识和把握。因此中国思想也强调"道生一，一生二，二生三，三生万物"[1]，"天得一以清，地得一以宁，神得一以灵，谷得一以盈，万物得一以生，侯王得一以为天下贞"[2]。没有了二，世界就失去了发展变化的动力，万物就失去了丰富多彩的个性。也可以说，中国思想与西方思想的不同在于从动态的角度还是从静态的角度去理解事物的区别。

西方的一元体系即其本质主义的特点，导致类似亚里士多德

---

[1]《老子·第四十二章》。
[2]《老子·第三十九章》。

那样一种对科学，实际上也就是对理性知识的理解。这种理解最大的优点就是可以使人们对事物的研究专注于某些特定的、确定的方面，又可以使人类的知识规范化、标准化，也就是能够清楚地用语言和概念表达知识。这种科学的知识相对而言更易于把握，也更便于有效的交流、传播，以及在此基础上的积累。正是因为有了这种规范化的知识，标准化的科学研究才有可能，学校教育才有可能，现在的远程教学、网络教学也才有可能。所以近代西方知识的发展、科学的进步、物质的繁荣，跟西方思想传统中这种对知识的科学化理解是高度相关的。上文提到过贝多芬失聪之后继续音乐创作的故事。其实他并不一定需要用牙咬着棍子杵到钢琴上去感觉声音，因为他已经掌握了音乐的规律，掌握了音乐的知识。他知道什么样的曲谱、什么样的和声与对位听上去是什么感觉，这中间没有任何的不确定性，或者说不确定不会来自他写出的乐谱，只会来自指挥家及演奏家不同的理解和发挥。

正是在这个意义上，我们认为西方理性主义具有强烈的逻各斯中心主义的特点。同时，不仅古希腊文中逻辑和语言是同一个词，逻辑和语言具有同样的含义，而且逻辑要求用语言明确表达思想，所以逻辑中心主义实际上也就意味着语言中心主义。这个关联其实非常重要，因为正如尼采揭示的那样，西方思想传统的确深受其语言的形式与结构的影响——不像中国传统思想，强调智慧对语言的超越，西方强调的是智慧对语言、对逻辑的依赖。比如海德格尔，他力图超越西方这种传统的、以语言为中心的理性主义，但是他又深深受到语言中心主义的束缚，相信语言是思想之家，所以这就是他的两难了。

西方理性主义在具有上述优势的同时，也具有其劣势，那就是强调普遍性、永恒性和确定性,对个体性、可变性和可能性只具有比较低的接纳度。一句话,西方理性主义往往忽略了或者说舍弃了那些不能被规范化、普遍化和技术化的东西。但是,这些变化的、个体的、差异的东西,对于我们人类社会、对于我们的生存来讲,同样非常重要。如果说世界从整体上看本来就是变动不居的,事物从根本上看就是形态各异的,那么这种思想体系就不可能真正如实地反映真实的世界,尽管它在某些方面的确取得了巨大的成就。

海德格尔已经深刻地认识到:"一切真正的思想都向多义性开放……这种可能的多义性并不仅仅是我们虽然努力但尚未达到逻辑上的单义性所导致的结果,相反,多义性是任何思想要确保其严格性必须遵循的要素。""因此,我们必须始终在其多义性的要素中辩明所思,及其对思想的要求,否则将一无所获。"① 虽然这里讲的是对思想本身的理解,但对事实的理解又何尝不是如此。

海德格尔终其一生都在反抗西方理性主义传统中形式逻辑规则的绝对统治。他指出:"事实上,人们也把逻辑称为理论之理论。有这种东西吗?倘若这是一种欺骗呢?但这必定是可能的,否则就不会有关于认识及其基本前提的科学,就不会有哲学基础科学,终究也不会有原始科学了。"② 因此,"逻辑本身,而

---

① Martin Heidegger, *What Is Called Thinking?*, Fred D. Wieck and J. Glenn Gray, trans., New York, Evanston and London: Harper & Row, Publishers, 1968, p. 71;并参见海德格尔:《海德格尔文集·什么叫思想?》,孙周兴译,北京:商务印书馆2017年版,第83页。

② Martin Heidegger, "The Idea of Philosophy and the Problem of Worldview," in *Toward the Definition of Philosophy*, p. 81;并参见海德格尔:《哲学观念与世界观问题》,《海德格尔文集·论哲学的规定》,第108页。

不仅仅是它的个别学说和理论，依然是某种值得怀疑的东西"①。他的一个基本立场是："不能说因为逻辑推理形式有助于我们获得有益的知识，我们便习惯于服从逻辑推理形式。从经验上看，为了获取有益的知识，我们根本无须求助于逻辑推理。相反，逻辑经常把人们引入歧途。逻辑结论并不需要经验的维护，它们像一切逻辑运算一样是自明的。"②

也就是说，逻辑并非知识的基础，也不是知识的来源。海德格尔甚至认为，逻辑也并非真理的保障，亦非严格思想的依据。"相信思想必须由逻辑亦即在命题的基础上决定，这是西方哲学最大的偏见之一。……是谁说过，又是谁证明了逻辑意义上的思想是唯一'严格的'思想呢？这一论断要成立，除非假定对存在/是的逻辑解释是唯一可能的解释，但这又是一个更大的偏见。关于存在/是的本质，'逻辑'很可能是获得其基本规定性的最不严格，也最不严肃的，类似于幻觉的方式……"③ 言下之意，逻辑事实上为人们遮蔽、消除了存在/是的本质。

海德格尔认为逻辑在把握存在/是的本质方面是一种最不严格、最不严肃，甚至类似幻觉的方式，一个很重要的原因就是他一直强烈地感觉到西方形而上学传统对"无"的排斥，这使西方

---

① Martin Heidegger, *Introduction to Metaphysics*, Gregory Fried and Richard Polt, trans., New Heaven and London: Yale University Press, 2000, p. 127；并参见海德格尔：《海德格尔文集·形而上学导论》，王庆节译，北京：商务印书馆 2017 年版，第 145 页。
② 吕迪格尔·萨弗兰斯基：《来自德国的大师——海德格尔和他的时代》，靳希平译，北京：商务印书馆 2008 年版，第 42 页。
③ Martin Heidegger, *Contributions to Philosophy (Of the Event)*, Richard Rojcewicz and Daniela Vallega-Neu, trans., Bloomington and Indianapolis: Indiana University Press, 2012, p. 363；并参见海德格尔：《海德格尔文集·哲学论稿（从本有而来）》，孙周兴译，北京：商务印书馆 2014 年版，第 544—545 页。

第四章　中国的"理"与西方的理性

思想没有办法完整地认识和解释这个世界，甚至最终陷入虚无主义；而之所以产生这种对"无"的排斥，罪魁祸首就是逻辑。"任何简单地依从逻辑确立的思维规则的思想，注定从一开始就不可能理解存在/是者的问题，更不用说展开这个问题，并且导向对它的回答。人们援引矛盾律，以及一般意义上的逻辑，证明所有关于无的思考和讨论是自相矛盾的，因而是无意义的，但实际上这只是严格性以及科学性的一种幻象。"① 海德格尔实际上相信，只有把对无的思考（真正意义的否定性的思考）纳入哲学，西方思想才能取得实质性的突破。当然，这就意味着从一元体系向二元体系的转换。

对逻辑的质疑和批判，显然并非简单地提倡一种反逻辑的思想方式，而是因为严格依从形式逻辑规则的思想不足以反映思想和现实世界的全貌，或者说，形式逻辑可能会严重地束缚人们的思想。"事实上，在西方—欧洲思想的历史进展中，人们已经发现，这种源自逻各斯并由逻辑学所规制的思想，并不能涵盖一切，也并非无所不包。我们的确碰到一些对象及整个对象区域，它们需要一种不同的思想进程，才有可能进入人的思想世界。"② 也就是说，逻辑不能阉割活生生的事实，以及作为对这些事实的真实反映的思想，而是必须服务于作为对事实的反映的思想，并且与其保持一致。"如果我们已经失去了思想的本质，而'逻辑'已经注定要支配我们的思想，哪怕它不过是思想，即那种在存在/是之本质的无底深渊中既得不到支持也得不到保护的

---

① Martin Heidegger, *Introduction to Metaphysics*, p. 27；并参见海德格尔：《海德格尔文集·形而上学导论》，第 30 页。
② Martin Heidegger, *What Is Called Thinking?*, pp. 155-156；并参见海德格尔：《海德格尔文集·什么叫思想?》，第 178 页。

追问的无能的残留物,那结果会怎样呢?如果思想的有效性仅仅在于通过对客体的正确表象得出没有过错的结论,也就是对问题的回避,那结果又会怎样呢?"① 结果当然就是思想虽然没有犯错,但却变得空洞无物,远离真实的世界。"我们之所以试图寻找某种决定着思想本质的东西,即去蔽与自然,恰恰是为了服务于思想。作为去蔽的存在/是,恰恰是因为逻辑而失去的东西。"②

海德格尔宁愿使用"去蔽"($άλήθεια$)这个希腊古词替代人们通常使用的"真理"(Wahrheit, truth)概念,其根本原因就在于他认为西方形而上学传统的逻辑和方法已经窒息了"去蔽"与"自然"(事物自身的涌现)。出于对逻辑的失望,海德格尔求助于"思"和"诗",认为只有它们能够把语言从逻辑的束缚中解放出来。"把语言从语法中解放出来,使之成为原初的本质性的框架,这个任务要留待诗和思的创造来解决。"③ 这里所谓的语法,指的其实就是逻辑。海德格尔甚至认为,对事物的理解与表达未必就离不开语言,沉默也许能告诉人们更多,因为"沉默的法则高于一切逻辑","沉默源自语言自身本质上发生着的起源"④。这就印证了老子一句简单明了的话:"多言数穷,不如守中。"⑤

---

① Martin Heidegger, *Contributions to Philosophy (Of the Event)*, p. 134;并参见海德格尔:《海德格尔文集·哲学论稿(从本有而来)》,第 198—199 页。
② Martin Heidegger, *Introduction to Metaphysics*, p. 127;并参见海德格尔:《海德格尔文集·形而上学导论》,第 145 页。海德格尔认为:"去蔽"是古希腊人所理解的真理的本义,即去除各种原因造成的人的意识对物的遮蔽;自然则是事物自身的涌现。
③ Martin Heidegger, "Letter on Humanism," in *Pathmarks*, p. 239;并参见海德格尔:《关于人道主义的书信》,《海德格尔文集·路标》,第 370 页。
④ Martin Heidegger, *Contributions to Philosophy (Of the Event)*, p. 63;并参见海德格尔:《海德格尔文集·哲学论稿(从本有而来)》,第 98 页。
⑤ 《老子·第五章》。

二、客观的知识与主观的知识

与建立在理性主义基础上的西方科学知识体系相比，中国的知识系统虽然对个体性、可变性和可能性有比较高的兼容度，但又的确存在一个高度不确定的问题，特别是对高级知识而言就更是如此，因而具有大而化之、不可能进行严格表述与界定的特征。俞伯牙在钟子期去世之后选择的是破琴绝弦，而不是以一种标准化和规范化的方式记录他得到的知识和体验到的情感，以及去传播、普及和积累这些知识。因此，中国古代个体的知识虽然很可能会达到很高的程度，但是高人一旦离开，知识也就随之消亡。所谓"人存政兴，人亡政息"，知识方面也是这样，这种现象也许可以称为"人存智兴，人亡智息"。华佗的医术很高明，可以起死回生，可是华佗一死，再遇到疑难杂症，我们只好求"华佗再世"，否则就只能坐以待毙。即使是普通的中医，也难以规范化为像西医那样一种更具普遍性、程序性和技术性的知识。

然而，那些只可意会不可言传的、高度个体性的知识对于我们同样非常重要。它们固然不能用语言传授，但多多少少可以让学习者通过体会和感悟明白可能的努力方向。上文提到过庄子"知北游"的故事。虽然在庄子看来最高明的回答甚至并非"无思无虑始知道，无处无服始安道，无从无道始得道"，而是"中欲言而忘其所欲言"，但这种无言之教并不会变得没有意义。如果像西方现代理性主义那样断然拒绝这种知识，甚至像奥克肖特所说的那样，试图把知识简化为各种人人易知、人人能懂的小册子（pocket-

孔子:"我们这儿过年都要放炮仗的,这东西动静有点大,您若不习惯,可以捂上点耳朵。"苏格拉底:"好的,我捂上了,然后呢?"

第四章 中国的"理"与西方的理性

size book)①，最终就可能扼杀那些极其精细、极其玄妙、极其难以捕捉，从而在很多情况下只能为少数人所拥有的知识，封闭人类心灵提升的空间。

中国传统思想对个体性、可变性、可能性的高度开放，使之选择了一种出于感悟的知识，一种意在言外的知识，一种书不尽言、言不尽意的知识，同时也就是一种主观的、个体性的知识。其实亚里士多德也清楚这种知识的存在，即他所谓的"实践的智慧"，但是他并没有把这种知识的存在和可能性全部阐发出来。

当然，"客观"和"主观"都是西方理性主义传统中的概念，中国传统思想中并不存在这种区分。所谓客观的知识，形象地说就是像客人一样站在旁边看，作为一个不相干的人得到的知识。中国传统思想并不认为存在着这样一种与知识的获得者无关的知识，也不可能去追求这样的知识。中国人相信，所有的知识根本上都是认识者主观的知识，同时真正的知识也是最终会成为认识者自身一部分的知识。当然，这种主观性的知识必然同时也是个体性的知识，因为它与认识的获得者高度相关，或者说它以某个特定的认识者的存在为前提。钟子期关于音乐的知识就是这种个体性的、主观性的知识，因此他的存在对俞伯牙来说具有不可替代性。

强调知识的个体性和主观性有两个方面的结果。一方面，它意味着一个人能够得到什么样的知识，取决于这个人原有的知识以及他的人格修养，也就是取决于他的见识。这就类似于尼采所主张的视域论，人的见识有多高，知识也就有多高，所谓"登东山而小鲁，登泰山而小天下"。这就意味着，要获得真知，不仅

---

① Michael Oakeshott, *Rationalism in Politics and Other Essays*, p. 27.

要见多识广，而且需要陶冶认识者自己的心性，以提升认识者自己的见识。庄子一语道破了认识者与知识之间的这样一种关系："有真人，而后有真知。"① 老子甚至在这个意义上以一种非常极端的方式强调认识者必须眼光向内，而不是多闻博识："不出户，知天下；不窥牖，见天道。其出弥远，其知弥少。"② 我们当然不必教条地理解老子这段话，把认识理解为某种闭门造车的过程。老子所言，其中的核心倒是类似苏格拉底的格言，即对认识者来说，最重要的是"认识你自己"，是通过认识自己来认识世界，而不是一味向外求索。因为如果没有认识者自身境界的提升，那么对纷纷扰扰的外部世界的了解只能导致认识者的迷乱，即所谓的"文灭质，博溺心"③。因此，在中国传统思想看来，某人因为他的见识不够，理解不了别人所能够感悟的道理，不等于后者因没有客观性而不具备真理性。相反，中国人可能非常乐于得到这种只属于少数人，甚至只属于认识者自己的知识。虽然高处不胜寒，但认识者依然乐此不疲。当然这并不是故作神秘，而是因为这些在某种特定的认知高度上得到的知识，没有办法传递给没有达到同等高度的其他人。

孔子注重因材施教，就是因为他清楚地看到了认识的这种主观性和个体性，所以针对不同的学生进行各不相同的教育。就此而言，孔子教育方式的最大特点，就是密切关注学生见识的水平、思想的高度，观察他们智识的进步，不失时机地对他们加以点拨。比如《论语》里有两处提到孔子感到可以与学生讨论《诗经》的事。其中一处是孔子与子贡的对答。"子贡曰：'贫而无

---

① 《庄子·大宗师》。
② 《老子·第四十七章》。
③ 《庄子·缮性》。

第四章 中国的"理"与西方的理性

谄,富而无骄,何如?'子曰:'可也。未若贫而乐,富而好礼者也。'"子贡是个聪明人,他进一步问孔子:"《诗》云:'如切如磋,如琢如磨。'其斯之谓与?"孔子很高兴,发现学生进步了,说:"赐也,始可与言《诗》已矣!告诸往而知来者。"① 就是说,子贡已经能够脱开《诗经》词句的表面意义,领会到其中更深刻的内涵,看到了人格修养无休无止、精益求精的特点,而且能够从过往了解未来,所以可以与他谈论《诗经》了。

另一处是孔子与子夏的对答。"子夏问曰:'"巧笑倩兮,美目盼兮,素以为绚兮。"何谓也?'子曰:'绘事后素。'曰:'礼后乎?'子曰:'起予者商也!始可与言《诗》已矣。'"② 子夏从"素以为绚"问起,其实已经推想到了孔子可能的回答。孔子果然说"绘事后素"(一切美好的事物均应回归质朴),所以子夏很自然地接上孔子的话说"礼后乎",这是个问题,其实也是一个判断:礼虽然是对人的行为的规范,但更重要的是对人的心灵的净化。如果心中别有所图,那么就是虚饰造作,毫无意义。这也正是孔子的基本主张,他曾经说过"礼,与其奢也,宁俭"③,又说"礼云礼云,玉帛云乎哉?乐云乐云,钟鼓云乎哉?"④,讲的都是同样的道理。所以孔子给子夏很高的评价,说商(子夏)能够发扬我的思想,那么自然也就可以和他讨论《诗经》了。

---

① 《论语·学而》。
② 《论语·八佾》。
③ 《论语·八佾》。其实对《论语》中的这段话,学者一直有各种不同的解释,不过礼以素朴为要这一点大概是各家的共识。参见程树德撰:《论语集释》,北京:中华书局2013年版,第182—186页。
④ 《论语·阳货》。

孔子说："诗三百，一言以蔽之，曰：'思无邪。'"① 其实《诗经》内容极其繁杂，从男欢女爱到君臣父子，从鸟兽鱼虫到天下大事，能够从中领会"思无邪"这三个字，的确需要读者有足够的见识与阅历。从以上两段对答来看，孔子大概轻易是不与学生谈论《诗经》的，因为在他们见识未到的时候，读起《诗经》来不过是就事论事，盲人摸象，不可能"举一反三"，更不可能"告诸往而知来者"，即便和他们讨论，他们也不可能得到真正的收获。这就如老子所言："上士闻道，勤而行之；中士闻道，若存若亡；下士闻道，大笑之——不笑不足以为道。"② 所以能够得到什么样的知识，取决于认识者有什么样的境界。

另一方面，这种主观性和个体性的知识强调认识者与知识的合二为一。中国人把学知识称为"学习"，包括两个部分——学和习，学完之后还要习。孔子说"学而时习之，不亦乐乎"③，就是指不仅要学到知识，更重要的是把这些知识变成自己的能力，变成自己的实践，真正变成自己的一部分。这样不仅能够提升学习者的实践能力，更能提升学习者的思想境界，从而使其能够进一步获得更高明的知识，"抟扶摇而上"，"乘天地之正，而御六气之辩，以游无穷"④。当然，这样一种对知识的追求可能带来一个副产品，即实用主义的认识态度，人们在学习之前，先问一问学这些东西对我有什么用，往大里讲就是能否"经世济用"。虽然这种态度也无可指责，但会导致对所谓"纯粹知识"即理论知识的忽视，从而不利于科学的发展。有不少人因此批评中国传

---

① 《论语·为政》。
② 《老子·第四十一章》。
③ 《论语·学而》。
④ 《庄子·逍遥游》。

统的知识理论，并且认为正是这种实用主义的倾向导致了中国在纯粹理论和科学技术方面的落后。这种观点当然值得参考。

中国传统思想主张把知识变为认识者自己的一部分，所以强调"知行合一"。王阳明说："知之真切笃实处便是行，行之明觉精察处便是知。"① 也可以简单地把这句话说成："知到极致便是行，行到极致便是知。"他又说："知是行的主意，行是知的功夫；知是行之始，行是知之成。若会得时，只说一个知已自有行在，只说一个行已自有知在。"② 这就是说，他讲的甚至不是"先学后习"，而是"学就是习"。虽然这样一种对"知行合一"的表达带有王阳明鲜明的个性，但其实也是对中国传统知识理论的高度概括和发挥。简而言之，中国的传统知识理论特别强调学习者与知识之间的互动。从修身的角度来说，认识者学到的每一种知识最终都应该变成他自己的知识人格和道德人格的一部分。人的境界和见识的提高，正是学习知识的结果，同时又是更深入的学习的基础。从实践的角度来说，真正掌握一种知识，绝不仅仅是坐而论道、纸上谈兵，而是学到类似《庄子》提到的那位轮扁所具有的"得之于手，应之于心"的知识，那种知到极致也行到极致但无法言传的知识。

中国传统的知识或者说传统智慧的这种特性，《庄子》讲得非常深刻，而且通过很多寓言来加以说明，轮扁的故事只是其中之一罢了。也可以说，这是《庄子》全书的主题。中国传统思想强调的不是可以传授的知识，而是认识者对知识本身的感悟和体验，是通过可以言传的知识，去触摸那些不可言传的智慧。但这

---

① 王阳明：《传习录·卷中·答顾东桥书》。
② 王阳明：《传习录·卷上·徐爱录》。

还不够，还需要把这种智慧付诸实践，需要每一个人在实践中审时度势、慎思明断。很多人都知道成都武侯祠那副赵藩撰写的对联，其中"不审势即宽严皆误"说的就是这个意思。人们可以抽象地谈论为政"宽"应该如何，为政"严"又应该如何，但如果不能审时度势的话，那么就会"宽严皆误"。也就是说，什么时候该宽，什么时候该严，什么是宽，如何才严，还需要每一个人自己根据具体情势加以判断。所以，中国人看不起像赵括、马谡那一类只会纸上谈兵的人，不是因为他们知识不够丰富，而是他们没有办法把抽象的知识运用于具体的实践。这种审时度势、慎思明断的能力，也就是亚里士多德所说的"实践的智慧"。

当然，中国传统思想强调知识的个体性和主观性，以及对普遍性和客观性即知识的共通标准的忽视，就内在地具有一种危险：很多人对高深的知识不得其门而入。从某种意义上说，中国历史上之所以会产生类似赵括和马谡一类自以为是的人，恰恰与中国传统知识的这种特点有关。对这种危险，中国传统思想是有高度警觉的。在缺乏一种关于知识的客观的、外在的标准的情况下，孔子提倡"致中和"。致中和就是达到中庸的境界，即通过认识者自己的审慎与克制，以避免极端性和主观性可能导致的错误。《中庸》说："喜怒哀乐之未发，谓之中；发而皆中节，谓之和。中也者，天下之大本也；和也者，天下之达道也。致中和，天地位焉，万物育焉。"[①] 可见，"中"是平和，"和"是节制。《中庸》中举例说："君子尊德性而道问学，致广大而尽精微，极高明而道中庸。"[②] 在认识上可以甚至必须至精至广，"无

---

① 《中庸·第一章》。
② 《中庸·第二十七章》。

所不用其极"①，但在实践中一定要有所节制，留有余地。可以说，正因为看到了中国传统思想中知识的个体性和主观性，所以中国古代思想家们都不约而同地强调中庸之道的重要性。孔子明确表示："中庸之为德也，其至矣乎！民鲜久矣。"② 与人们的一般印象相反，孔子并不认为大多数中国人了解中庸之道，而是指出长久以来能够真正践行中庸之德的人太少了，所以他甚至把中庸作为君子的标志之一，即"君子中庸，小人反中庸"③。至于《周易》，则更是把避免极端、把握分寸作为一项贯穿人们所有思想和行为的基本原则，始终强调过犹不及、物极必反的道理。甚至强调"无为而无不为"的《老子》，也认为"知和曰常"④，即只有不走极端，才能长久。

如何才能达致中庸的境界呢？当然不是人们通常理解的那样简单的不偏不倚，或者干脆就"和稀泥"。中国传统思想强调两点。首先当然是提醒人们时刻注意任何事物都具有两个方面。对于推崇"二元体系"的中国人来说，这倒是不需要做太多的说明。孔子说："吾有知乎哉？无知也。有鄙夫问于我，空空如也。我叩其两端而竭焉。"⑤ 就是说，除自谦外，孔子自觉地把追究每一事物的两个方面作为一种基本的认识方法，以避免片面。《周易·系辞下》也说："君子知微知彰，知柔知刚，万夫之望。"⑥ 其次就是用别人的知识来验证自己的知识。中国人传统上

---

① 《大学·第二章》。
② 《论语·雍也》。
③ 《中庸·第二章》。
④ 《老子·第五十五章》。
⑤ 《论语·子罕》。
⑥ 《周易·系辞下》。

不太喜欢论辩，所以这种验证更多地体现为一种谦虚和自省的态度、一种自我批判的态度，就是"三人行，必有我师焉"①，就是"见贤思齐焉，见不贤而内自省也"②。《周易》更是把谦逊的美德置于极高的地位。在《周易》六十四卦中，谦卦是唯一六爻皆吉的卦，谦卦的象辞说："天道下济而光明，地道卑而上行。天道亏盈而益谦，地道变盈而流谦，鬼神害盈而福谦，人道恶盈而好谦。谦，尊而光，卑而不可逾，君子之终也。"③当然，在大倡谦逊之德的同时，中国传统思想还强调一种设身处地的精神，即尽可能地站在别人的立场上，设想他们会如何理解和看待自己的观点和主张，并且据此对自己的思想进行相应的调整。这样一种态度推到极致，就是"君子之道，本诸身，徵诸庶民，考诸三王而不缪，建诸天地而不悖，质诸鬼神而无疑，百世以俟圣人而不惑。质诸鬼神而无疑，知天也；百世以俟圣人而不惑，知人也"④。

《中庸》中的这段话可以说提出了一种中国传统的真理观，或者说对知识加以验证的方法。人们得到的知识或者感悟，首先必须发自内心，其次要看一看其他人是否会同意，再看看古代圣贤是否会如此认识，天地鬼神（实际上就是一些基本的自然法则以及道德伦理法则）是否认可，最后还要看看能否经得起后人的推敲。应该说，这种验证知识的方法既需要逻辑上的严格性，即经得起天地鬼神的检验，又要能够得到古人、今人、后人的认同，也就是不仅要求通过一种同时性的语言对话，而且还要通过一种跨越历史的历时

---

① 《论语·述而》。
② 《论语·里仁》。
③ 《周易·谦·象》。
④ 《中庸·第二十九章》。

性对话以达成共识。可以看出，这是一种与哈贝马斯提出的交往合理性类似，但事实上比之更严格、更开放的"合理性"。用西方的概念来说，就是中国传统思想最高的追求包括主观性和个体性，同时又追求一种"主体间性"。当然，与西方理性主义的科学所要求的可重复、可验证相比，中国传统知识仍然具有相对性和不确定性，但应该说，这是中国传统思想的特点，只要辅之以西方的科学精神，它就不是缺点。

三、本质性与可能性

如上所述，西方理性主义追求两种确定性，即规律的确定性与本质的确定性，中国传统思想则表现出明显的反本质主义的特征。当然，规律的确定性也是中国传统思想所要求的，因为如果没有规律的确定性，思想就失去了存在的意义。前面列举的《辞源》对"理"的解释，核心是第 5 项，即文理和条理。治玉也罢，治病也罢，治国也罢，甚至温习也罢，都要根据事物本身的纹路和条理来做。所以"理"就是规律。

中国传统思想反本质主义的特征，使其不大可能从一种固定不变的观点来看待人和事，也就是说，它注重的是事物的"变易"（becoming）而不是事物的"本质"（being, essence）。或者说，中国传统思想注重从事物内在矛盾的变化中把握世界的特点，就使它从根本上排除了追求事物不变的本质的可能性，而这也就意味着在中国传统的知识体系中原本就不可能存在形而上学。

中国传统思想中这样一种对世界的理解，自然要求人们对具体的时间、地点、条件下事物的状态加以准确的判断，这是一种基于个人权衡的判断。《周易》说："上下无常，非为邪也。进退无恒，非离群也。君子进德修业，欲及时也，故无咎。"① 一切都取决于人们审时度势，慎思明断。当然这种知识有它的欠缺，就是上文提到的，它既是认识者个体的，又是针对个别事物的，因此不利于知识本身的传播、积累和创造。它太注重个体性和主观性，所以历史上会出现一些智慧的高峰，尽管难以形成对大众的启蒙。但是，这种思想传统至少为人们提供了另外的一种可能性，可以使中国的思想家在与现代西方理性主义的对话中，找到某个立足之地，而不至于像近代西方的一些经验主义者一样进退失据，最终陷于失语状态。

关于"是"的问题（the what it is），构成了西方理性主义传统中本质论的起源。西方哲学的起点，就是对"是"的追问，对"所是之物"的追问，对什么特性使一个事情成为此事物而非彼事物的追问。苏格拉底给人留下的最为深刻的印象，就是无论何时何地，他都会向他所遇到的人提出"是"的问题——"什么是正义？""什么是美德？""什么是幸福？"当然，据他自己所说，那是因为他不相信雅典德尔斐神庙一个关于他本人的预言，即在全希腊没有人比他更富有智慧，所以他逢人便问，希望能发现有人比他更聪明。但是，他最后发现，没有人知道这些问题的最终答案，尽管其中不少人都自以为是。所以他不得不承认神庙的预言，因为相比而言，只有他知道自己的无知。②

相反，中国人一般不会提出这类关于"是"的问题。古代汉语中的"……者，……也"，严格来说只是一种描述而已，并非

---

① 《周易·乾·文言》。
② 柏拉图：《申辩篇》，《柏拉图全集》第一卷，王晓朝译，北京：人民出版社2002年版，第6—8页。

定义。比如《论语》中有100多处关于"仁"的讨论,其中有一些就是对学生关于什么是仁的提问的回答,但孔子的答案各不相同,有一次甚至说"仁则吾不知也"①。《论语》还记载:"子罕言利与命与仁"②,即孔子很少谈论关于"利""命"与"仁"一类的事情。夫子罕言利,这很好理解,因为"君子喻于义,小人喻于利"③。罕言命,也不难理解,因为孔子说过"君子有三畏:畏天命,畏大人,畏圣人之言"④。畏即敬畏,因而不敢随便谈论。为何不敢谈论呢?子夏有一句解释:"商闻之矣:死生有命,富贵在天。"⑤(朱熹进一步阐发说:"命禀于有生之初,非今所能移;天莫之为而为,非我所能必,但当顺受而已。"⑥)子夏的这句话当出自孔子本人,意思是说,命是天之所赋,人不能改变。对于人不能改变的东西,自然没有必要过多谈论,了解和接受就可以了。所以孔子说:"不知命,无以为君子也。"⑦ 君子应该在乐天知命的前提下奋发有为,去改变那些人能改变的东西。

但孔子为何很少谈论"仁"呢?毕竟在孔学思想中,仁具有核心的位置;在"仁义礼智信"五德中,仁也居于首位。孔子对此少有论及,只能说明在他看来,仁的境界太高,内涵太丰富,难以通过简单的语言加以概括。不过,我们可以通过示例的方法,来看一看孔子如何向他的学生们阐释仁的内涵。先是樊迟,樊迟一共三次问仁。第一次问仁,孔子的回答是:"仁者先难

---

① 《论语·宪问》。
② 《论语·子罕》。
③ 《论语·里仁》。
④ 《论语·季氏》。
⑤ 《论语·颜渊》。
⑥ 朱熹:《论语集注·颜渊》。
⑦ 《论语·尧曰》。

而后获，可谓仁矣。"① 第二次问仁，"子曰：爱人"②。第三次问仁，孔子的回答是："居处恭，执事敬，与人忠。虽之夷狄，不可弃也。"③ 三次的回答都不同，但也都很具体。原因是樊迟这位学生天资不高，但十分刻苦，所以孔子也不厌其烦，一一指点。

与之相反的例子是司马牛问仁。孔子的回答是："仁者，其言也讱。"④ 所谓"讱"，即语言迟钝。这个回答与"巧言令色鲜以仁"⑤ 相互印证。孔子之所以如此回答，是因为司马牛这个学生"多言而躁"⑥，即少思多言。朱熹针对这句话评论道："愚谓牛之为人如此，若不告之以其病之所切，而泛以为仁之大概语之，则以彼之躁，必不能深思以去其病，而终无自以入德矣。故其告之如此。盖圣人之言，虽有高下大小之不同，然其切于学者之身，而皆为入德之要，则又初不异也。读者其致思焉。"⑦ 对一个缺乏自省又自以为是的学生，最好的办法就是单刀直入，一语切中要害，而不必拐弯抹角、闪烁其词，如此当头棒喝，庶几可以促其警醒。

另外两处的问答也很有启发意义。一是颜渊即颜回问仁。"子曰：克己复礼为仁。一日克己复礼，天下归仁焉。为仁由己，而由人乎哉？"⑧ 二是仲弓（冉雍）问仁。"子曰：出门如见大宾，使民如承大祭。己所不欲，勿施于人。在邦无怨，在家无

---

① 《论语·雍也》。
② 《论语·颜渊》。
③ 《论语·子路》。
④ 《论语·颜渊》。
⑤ 《论语·阳货》。
⑥ 司马迁：《史记·仲尼弟子列传》。
⑦ 朱熹：《论语集注·颜渊》。
⑧ 《论语·颜渊》。

怨。"① 朱熹针对这两段话评论说："克己复礼，乾道也；主敬行恕，坤道也。颜、冉之学，其高下浅深，于此可见。然学者诚能从事于敬恕之间而有得焉，亦将无己之可克矣。"② 就是说，孔子区别了颜回和冉雍不同的学识，而施以不同的教诲。战胜自己（乾道）与尊重别人（坤道）相比显然更为困难，所以朱熹说两人的学识高下立判。但如果真的能够尊重和宽恕别人，那么实际上也就没有什么需要自我约束的地方了。

从以上孔子与其弟子关于仁的问答可以看出，除认识者自身的境界差别之外，知识还有一个个体体验的问题，即便在同一个认知高度上，每个人的理解和体认也会各不相同，这就是所谓"仁者见之谓之仁，知者见之谓之知，百姓日用而不知，故君子之道鲜矣"③。孔子针对不同学生的学识与修养对他们进行了具有针对性的引导，即针对他们最缺乏或者说最需要完善的地方加以点拨，也就是朱熹所说的"切于学者之身，而皆为入德之要"④。这正是孔子因材施教的含义，即针对不同的人予以不同的教育。由于学生的资质、秉性与学养各不相同，如果在教育上形式化地对他们一视同仁，即没有针对性，不仅得不到相应的效果，而且形成了事实上的歧视。只有因材施教，才能真正做到有教无类，使他们真正各得其所。

程颐曾针对几位学生问孝时孔子的不同回答指出："告武伯者，以其人多可忧之事。子游能养而或失于敬，子夏能直义而或

---

① 《论语·颜渊》。
② 朱熹：《论语集注·颜渊》。
③ 《周易·系辞上》。
④ 朱熹：《论语集注·颜渊》。

少温润之色。各因其材之高下，与其所失而告之，故不同也。"① 这里说的是孔子对于什么是孝的回答针对的是提问者各自在事奉长者方面的缺点或者不足。孟武伯不能体会父母对子女的万般操心，所以让他站到父母的立场上，感受父母的爱，并以这种爱对待父母，因此孔子说"父母唯其疾之忧"②。子游（言偃）能赡养父母但可能缺少对父母的尊敬，所以孔子的回答是："今之孝者，是谓能养。至于犬马，皆能有养；不敬，何以别乎？"③ 如果没有对父母的尊重，那么养活他们与养活一匹马、一条狗又有什么区别呢？子夏性格耿直，可能会在言行之间顶撞父母，所以孔子说"色难"④，即难的是对父母和颜悦色。

总之，孔子几乎没有对仁进行过任何抽象的论述或者一般性的定义，而是通过讨论各种具体的行为让学生们感悟仁在社会交往和实际生活中的体现。如果说孔子也曾经提出过某种关于仁的抽象定义的话，那就是："夫仁者，已欲立而立人，已欲达而达人。能近取譬，可谓仁之方也已。"⑤ 但是，这是一种类似康德意义上的程序性的规定，仍然没有具体说明仁是什么，而只是说如果能够做到待人如己、推己及人，就是一种仁的境界。

再举一个例子，就是子路和子贡两人向孔子请教管仲是否可以称为仁者的问题。"子路曰：'桓公杀公子纠，召忽死之，管仲不死。'曰：'未仁乎？'子曰：'桓公九合诸侯，不以兵车，管

---

① 转引自朱熹：《论语集注·为政》。
② 《论语·为政》。
③ 同上。
④ 同上。
⑤ 《论语·雍也》。

仲之力也。如其仁，如其仁。'"① "子贡曰：'管仲非仁者与？桓公杀公子纠，不能死，又相之。'子曰：'管仲相桓公，霸诸侯，一匡天下，民到于今受其赐。微管仲，吾其被发左衽矣。'"② 这里涉及的问题是，管仲和召忽都曾是公子纠的门人，公子纠后来死于与公子小白即齐桓公争夺王位的权力斗争。管仲不但没有像召忽那样忠于旧主公子纠并为之殉难，反而辅佐杀死了公子纠的公子小白，这种从通常的角度来看不忠不义之人，也可以称为仁者吗？孔子对两个学生的回答虽然字面上有差异，但核心内容是一致的，即对桓公的评价不能采用简单的、个人之间关系的原则，而必须看到他对天下百姓的贡献。桓公一霸天下，建立了秩序，维持了和平，人民因此而得到幸福，文明因此而进步，如果按照这个标准来衡量，他才是最大的仁者。这正如孟子所言："大人者，言不必信，行不必果，惟义所在。"③

　　孔子这些不同的回答，一方面固然是因为他看到了每个学生的性情修养以及需要克服的缺陷各不相同，所以有针对性地对他们加以点拨；另一方面也是因为孔子并不认为"仁""孝"有什么固定不变的"本质"，或者说由于人们所处的环境、所面临的问题、所面对的具体的人与事各不相同，某种普遍的定义虽然可能具有指导意义，但不能无差别地运用于实际的生活。因此，关键仍然在于能近取譬，即从身边发现，并且推而广之，举一反三，触类旁通，达到每一个人自己对仁或者孝的理解与体会，特别是针对具体的人和事能够做到以仁待人、以孝事长。当然，相

---

① 《论语·宪问》。
② 同上。
③ 《孟子·离娄下》。

比于定义或者概念式的对仁和孝的规定，孔子的这种教育方式虽然具有极强的针对性，但老师不可能对所有人、所有事一一指点，所以要收到一般性的效果显然有其十分困难的一面。也就是说，可能会让那些没有机会得到大师亲自点拨、在大师语录中又找不到针对某个具体情景的相应教诲的人，或者根本就不会举一反三的愚钝之人感到无从下手，难以上达，甚至感到神秘难解，高深莫测。所以孔子弟子三千，达者仅七十有二，从启蒙的意义上说的确效果有限。但七十二人之所得，却又是概念或者定义式的教育所不能及的了。

那么，是否可以由此断定中国的传统思想陷入了相对主义呢？恐怕不能下这样的结论。首先，在伦理道德问题上，中国传统思想还是特别强调对一些基本的道德原则的坚守，所以孟子才会讲"舍生取义"，《周易》也讲"不恒其德，或承之羞"①。其次，中国传统思想对事物的把握强调变中有不变，不变中有变，到底变了没有，取决于当事者对事物所处的时间、地点、条件的准确判断，但绝不是随波逐流。拿《周易》来说，中国人讲"易有三义"，就是简易、变易和不易。"不易"当然就是不变，可是接下来马上又说"变易"，怎么理解呢？我们可以非常一般性地认为，对于中国传统思想，特别是对《周易》来说，只有一条原则是确定不变的，那就是一切都处在变化之中。当然，如果更具体一点，我们还可以说，在《易经》的思想中，事物的变化有一种类似量变与质变的关系。

《周易》其实还是提供了一套对事物的状态加以认识的相对确定的方法，其六十四卦、三百八十六爻（乾坤两卦各有七个爻

---

① 《周易·恒·九三》。

变，分别多出用九和用六）实际上都是对这种方法的具体说明和示例。虽然"易"的基本元素只有阴和阳，但每一个卦的结构、阴爻与阳爻的位置、它们相互的力量对比、各爻之间的关系（承、乘、比、应），以及阴与阳在每一卦中变化的基本趋势，这些因素结合起来，为人们判断每一个卦象和每一个爻变提供了基本的依据，也可以使人们得到相对确定的结论。所以《系辞》说："通其变，遂成天地之文；极其数，遂定天下之象。……《易》无思也，无为也，寂然不动，感而遂通天下之故。……夫《易》，圣人之所以极深而研几也。唯深也，故能通天下之志；唯几也，故能成天下之务；唯神也，故不疾而速，不行而至。"①《易》的思想广大精微，但人们也可以极深研几，以通天下之志，成天下之务。这里并不存在神秘之处。

六十四卦每一卦有六种变化，这种变化是连续的，但积微而著，从初到上，事物的性质就发生了变化，从而变成了另一卦，像"剥极而复""否极泰来"都是非常典型的例子。但是，性质相反的两个卦之间实际上也表现出一个连续的变化过程，《周易》"十翼"中有一个"序卦辞"，就是对各卦之间变化逻辑的梳理，虽然不乏牵强之处，但也体现了作者对这种连续性的某种体认。总之，在《周易》看来，事物的变化中有连续，而不是完全的中断；连续中有变化，而不是一条直线。"无平不陂，无往不复"②，没有什么事情能够垂于永远。正是这样一种变中有不变、不变中有变的思想，使中国传统智慧避免了赫拉克利特的陷阱。

---

① 《周易·系辞上》。
② 《周易·泰·九三》。

中国传统上这种非本质主义的思想会倾向于认为，人与其他任何事物一样，并不存在恒定不变的本质。也就是说，人与事都被理解为一种可能性而非确定性。正因为看到了这一点，所以孔子很清楚，对不同的人而言，"仁"具有不同的含义，而告知他们这些不同的含义，才有可能使这些各不相同的人从不同的角度向仁的目标迈进。这里体现出中国传统思想一个非常重要的特质。一方面，中国传统思想强调有阴必有阳、有生必有死、有兴必有衰；另一方面，又注重通过人为的努力，让整个世界向生的方向、向兴的方向转化，或者说尽可能延缓其死的过程、衰的过程。《周易》讲"富有之谓大业，日新之谓盛德，生生之谓易"[1]，"天地之大德曰生"[2]。古人讲《周易》有"抑阴扶阳"的倾向，原因就在于此。即便是主张守柔处静的老子，最终希望达到的结果，从国家的角度讲是垂拱而治，从人生的角度讲是长生久视。

孔子有一句话充分发挥了这种从可能性的角度对人加以理解的思想："人能弘道，非道弘人。"[3] 何晏的《论语注疏》对这句话有一段评论：所谓的道，按《周易》的话来说，就是"仁者见之谓之仁，知者见之谓之知"，所以"人才大者，道随之大也"；"百姓则日用而不知，是人才小者，道亦随小，而道不能大其人也，故曰非道弘人"[4]。也就是说，规律有不同的层面，一个人的境界决定了他能够把握和利用什么样的规律。境界低的人，只能

---

[1] 《周易·系辞上》。
[2] 《周易·系辞下》。
[3] 《论语·卫灵公》。
[4] 何晏：《论语注疏》，李学勤主编：《十三经注疏·论语注疏》，北京：北京大学出版社1999年版，第216页。

第四章 中国的"理"与西方的理性

等着上天垂怜；境界高的人，确实能够"制天命而用之"①。所以《周易》说："夫'大人'者，与天地合其德，与日月合其明，与四时合其序，与鬼神合其吉凶，先天而天弗违，后天而奉天时。"② 一般而言，人们认为中国传统文化是一种以自然为师的文化。这个看法没有错，但中国人在以自然为师的同时又在努力超越自然，或者说寻找人与事的一种可能性。这当然并不是简单的"人定胜天"的思想，而是借助自然的规律成事。用《周易》的话说，就是："刚柔交错，天文也。文明以止，人文也。观乎天文，以察时变；观乎人文，以化成天下。"③

在西方思想家中，直到海德格尔，才重新从可能性的角度对人加以认识。海德格尔使用了很多复杂难解的概念来对人的状态加以描绘，但其核心思想并不难理解。在他看来，人是一种能够思考自己的存在/是的存在/是者，而这种思考的结果又改变了人本身，这就是他在《存在与时间》中提出的一个关键概念"筹划"（Entwurf，英语翻译为 project）的基本含义。这个概念反映的是人对未来的想象，对一种不同的未来的想象，直观上说就是把自己先往前抛一段距离看看会怎么样，看一看自己可能会成为什么样的人，从而对我们的现在加以调整。在海德格尔看来，这是人最根本的特质，它意味着人永远是一种可能的而不是一个被决定的存在/是者，因为"在达到终点④之前，人永远不可能真正地成为他可能之所是，而一旦他成其所是，他也就不再

---

① 《荀子·天论》。
② 《周易·乾·文言》。
③ 《周易·贲·彖》。
④ 此处的终点指死亡。

存在/是了"①。

因此，对人之所是的探讨，特别是在哲学意义上的探讨，既是一种对人的可能性的探讨，也是这种可能性本身的体现。海德格尔实际上认为，对可能性的把握，才是人最本己的特性。海德格尔对可能性表现出高度的重视，在他看来，"比现实性更高的是可能性"②，而"人最高的可能性"就是通过思想的创造"为真奠基，并将其保存下来"③。海德格尔这里所说的"真"，并非西方理性主义传统中所谓的"真理"，而是一个共同体得以生存和发展的精神基础，寻找这种基础，也就类似于中国人所说的"为天地立心，为生民立命，为往圣继绝学，为万世开太平"④。

人之所以是一种可能性，或者说人只能是一种可能性，根本上说就因为人具有时间性，"人之所是（人的存在）的意义在于其时间性"⑤。时间性使一些可能性成为现实，也断绝了另外的一些可能性。因此，人究竟选择一种什么样的可能性，就需要他对时机有所判断和把握，需要他对时间性有真切的了解。这里的时机，既指微观意义上某个事件在各种时间系列交叉中所处的具体坐标，更指其在一个民族的历史进程中所占据的位置，海德格尔

---

① Martin Heidegger, *The Concept of Time*, William McNeill, trans., Oxford: Blackwell Publishers Ltd., 1992, p. 10E; 并参见海德格尔:《时间概念》,《海德格尔选集》, 孙周兴译, 上海: 上海三联书店1996年版, 第16页。
② Martin Heidegger, *Being and Time*, Joan Stambaugh, trans., Albany: State University of New York Press, 2010, p. 36; 并参见海德格尔:《海德格尔文集·存在与时间》, 第54—55页。
③ Martin Heidegger, *Contributions to Philosophy (Of the Event)*, p. 237; 并参见海德格尔:《海德格尔文集·哲学论稿（从本有而来）》, 第355页。
④ 张载:《张子语录》。
⑤ Martin Heidegger, *Being and Time*, p. 19; 并参见海德格尔:《海德格尔文集·存在与时间》, 第29页。

第四章　中国的"理"与西方的理性

把后者称为"历史的天命"。

可以看出，在海德格尔的思想中，时间性具有十分重要的位置，是对人与事之所是进行把握的基础。通过他，西方思想才一改原本对确定性的强调，重新对可变性采取一种开放的态度，同时也与中国传统思想具有了更多对话的可能性，因为后者恰恰是一种对"时间"表现出高度敏感的思想体系，强调人必须"时止则止，时行则行，动静不失其时，其道光明"①。

当然，肯定人是一种可能性，并不意味着认为人可以随意选择自己的未来。每一个人的处境这一他无法选择的外部条件，以及他自己先前的行为，都决定了他可能的选择范围。人来到世间，以及如何来到世间和在世间的处境，这一切都由他自己之外的力量决定。因此，海德格尔又把人称为一种"被抛的存在/是者"②，把人对自己未来的筹划称为"被抛的筹划"③（geworfener Entwurf, thrown project），强调这是人在一种不由自主地置身其中的世间对未来的筹划。人的可能性体现为一种过去与未来之间的相互作用。"无论是否明言，人都是它的过去。人是它的过去，并不仅仅在于它的过去作为过去在'后面'推动着它，以及它把过去作为一种依然客观存在并且时而对现在发生作用的财富。粗略地说，人'是'它的过去，在于每一种情况下他之所是都来自未来。"④

---

① 《周易·艮·彖》。
② Martin Heidegger, *Being and Time*, p. 273；并参见海德格尔：《海德格尔文集·存在与时间》，第 391 页。
③ Martin Heidegger, *Being and Time*, pp. 273–274；并参见海德格尔：《海德格尔文集·存在与时间》，第 392 页。
④ Martin Heidegger, *Being and Time*, p. 19；并参见海德格尔：《海德格尔文集·存在与时间》，第 30 页。

人作为"被抛的存在/是者"的特点固然决定了历史和环境对人的决定作用，但在日常生活中，这种决定作用更常常体现为很多人对他们所面临的一切毫无反抗地加以接受，从而彻底忘记了自己的可能性，并且使自己成为芸芸众生即"常人"中的一员。海德格尔把这种状态称为"沉沦"。"沉沦"恰恰是虚无主义最直观的体现。海德格尔因而大声疾呼，希望人们觉醒，做出他们自己的选择，找到每一个人自己的可能，成为本真的自己。"因为人已经迷失于常人之中，所以他首先必须找到自己；要找到自己，他就必须向自己显现其本真的可能性。"① 海德格尔把这种让人成为本真的自己的呼唤称为良知。②

作为一种可能性生存于世，人因而具有选择的义务，但这种选择同时也是人的自由。事实上，无论人们是"自己挑选了这些可能性，还是陷入了这些可能性，或者本来就已经在这些可能性中成长起来"，他们都以抓住或者拒绝这些可能性的方式进行了选择。③ 其间的区别无非是主动地抓住自由，还是被动地委身于他人的决定。这样一种对自由的理解，后来被萨特大加发挥。海德格尔鼓励人们抓住这种自由，因为唯其如此，人才有可能成为本真的自我。但与此同时，海德格尔又强调，自由作为一种未被决定的状态，它的根据原本就具有不确定的特征，因为如果一切都被决定，自由也就不再是自由。

---

① Martin Heidegger, *Being and Time*, p. 258；并参见海德格尔：《海德格尔文集·存在与时间》，第370页。
② Martin Heidegger, *Being and Time*, p. 264；并参见海德格尔：《海德格尔文集·存在与时间》，第378页。
③ Martin Heidegger, *Being and Time*, p. 11；并参见海德格尔：《海德格尔文集·存在与时间》，第19页。

第四章 中国的"理"与西方的理性

海德格尔认为，自由使人即一种潜在的可能性直面他的天命。① 因此，自由必定意味着某种不确定性即风险。海德格尔并不回避这一点。"存在/是本质上就是冒险。只有在冒险中，人才抵达决断的领域，也只有在冒险中，人才有可能慎思明断。"② 人之所以需要而且能够慎思明断，是因为他们虽然不可能如"理性人"假说那样把握理性主义意义上做出选择所依据的确定的条件，但也并非毫无根据地盲目行动。"人是出于其最本己的潜在可能而自由的可能性。对他来说，这种可能以不同的方式、在不同的程度上是透彻明晰的。"③ 因此，人的选择"源自对人实际的各种基本可能性的清醒领会"④。当然，这里的领会并非逻辑意义上的推论，选择亦非理性主义的算计（calculus），而是一种类似亚里士多德所说的实践的智慧，是一种超语言、超逻辑的对环境的感悟与通达。

不仅人是一种可能性，而且我们处的世界，特别是人类的事业，也是一种可能性。因为世间万物都是通过人的理解而成其所是，所以它们是什么，在更大程度上取决于人对它们的理解和态度。海德格尔说："只有当人存在/是，也就是说，只有在存在/是者层面上出现对存在/是加以领会的可能性，才'有'存在/是。

---

① Martin Heidegger, "On the Essence of Ground," in William McNeil, ed., *Pathmarks*, Cambridge: Cambridge University Press, 1998, p. 134；并参见海德格尔：《论根据的本质》，《海德格尔文集·路标》，孙周兴译，北京：商务印书馆2016年版，第205—206页。
② Martin Heidegger, *Contributions to Philosophy（Of the Event）*, p. 374；并参见海德格尔：《海德格尔文集·哲学论稿（从本有而来）》，第56—563页。
③ Martin Heidegger, *Being and Time*, pp. 139-140；并参见海德格尔：《海德格尔文集·存在与时间》，第206页。
④ Martin Heidegger, *Being and Time*, p. 296；并参见海德格尔：《海德格尔文集·存在与时间》，第423—424页。

没有了人，就既没有'独立性'，也没有'自在'。"① 这段话当然是针对康德而言的，表明康德对"此岸"与"彼岸"的划分以及"物自体"的概念在生存论意义上的多余。正是在这个意义上，海德格尔认为，"是"的问题即存在和本质的问题，根本上由人之所是亦即人的可能性所决定的。"一切研究都是人作为存在/是者的一种可能性，更不用说这种研究关注的是存在/是这一核心问题了。"② 当然，世间万物不会简单地因为人们的研究和追问而有所不同，但它们也的确有成为另一种状态的可能性。"我们绝不会去体验那种仅由我们自己想象出来加诸事物的可能性，相反，是存在/是者自身揭示了这种可能性，它们揭示自身是具有这种可能性的存在/是者。我们的追问只是开启了一个领域，使存在/是者在这样的可追问状态中得以展示。"③

恰恰是因为人在本质或者说存在/是问题中的核心地位，海德格尔原本计划从对人之所是的探讨开始，以对一般而言的存在/是问题的研究作为终结的《存在与时间》一书，在基本完成对第一个问题的分析之后就再也没有继续写下去，实际上也没有必要写下去。他明确地表示："存在/是就是存在/是，所以它不会成为存在/是者。这一点可以明确地表达为存在/是是一种可能性，它永远不可能客观呈现，而且在人对它的把控中总是以一种拒绝的

---

① Martin Heidegger, *Being and Time*, pp. 203-204；并参见海德格尔：《海德格尔文集·存在与时间》，第 294—295 页。
② Martin Heidegger, *Being and Time*, p. 19；并参见海德格尔：《海德格尔文集·存在与时间》，第 29 页。
③ Martin Heidegger, *Introduction to Metaphysics*, pp. 31-32；并参见海德格尔：《海德格尔文集·形而上学导论》，第 36 页。

第四章　中国的"理"与西方的理性

态度欲予还休。"①

那么如何把握人,以及人所处的世界的可能性?海德格尔认为,在西方理性主义传统的影响下,科学作为只能揭示人们已经理解之物(他所谓的数学性的东西)的手段,在可能性问题上根本无能为力。能够向人们展示其可能性的只有艺术,特别是诗。"艺术家拥有对可能性的本质洞见,他把存在/是者内在的可能性揭示出来,从而使人们看清他们盲目地为之忙碌之物到底是什么。在对真实性的发现中,本质性的东西过去没有、现在也不会通过科学发生,而只能通过原初性的哲学,以及通过伟大的诗歌及其筹划而发生(荷马、维吉尔、但丁、莎士比亚、歌德)。诗使存在/是者更具有存在性(使是者更是其所是)。"② 因此,艺术家之所以能够为人们开启新的可能性,主要并不在于他们拥有美学意义上的创作天赋,为人们提供了美妙的艺术享受,而是因为他们能够打破理性主义的思维定式。

在别的地方,海德格尔指出,国家的建立、宗教的诞生等也与伟大艺术作品的创作一样,是能够为一个民族开启新的可能性的契机。③ 但这指的是以民族为单位的宏观历史时刻。那么就个人而言,他们对其自身可能性的把握就取决于上文所提到的慎思明断,海德格尔也称之为"决断"。当然,一个可能让人十分困惑的事实是,关于如何做出决断,海德格尔总是言之不详。这可

---

① Martin Heidegger, *Contributions to Philosophy* (*Of the Event*), p. 374;并参见海德格尔:《海德格尔文集·哲学论稿(从本有而来)》,第562—563页。
② Martin Heidegger, *On the Essence of Truth*, Ted Sadler, trans., London and New York: Continuum, 2002, p. 47;并参见海德格尔:《论真理的本质:柏拉图的洞喻和〈泰阿泰德〉讲疏》,赵卫国译,北京:华夏出版社2008年版,第62页。
③ 参见海德格尔:《艺术作品的本源》,《海德格尔文集·林中路》,孙周兴译,北京:商务印书馆2015年版,第53页。

能是因为对这个问题的讨论本身已经超出了西方理性主义的语言和逻辑，也包括海德格尔自己创造的各种生硬难解的概念的表达能力，所以海德格尔自己一再表示，他给人们提供的只是一条思想的道路，而不是完整的哲学。① 那么我们的任务就是在这条道路上继续往前探索。

事实上，海德格尔本人以及与他同时代的许多人，无论在个人选择还是民族事业的问题上，都做出了明显错误的决断。我们当然不能因为这种错误而否认海德格尔关于人作为一种可能性的思想，但他关于选择与决断的理论，由于相对空洞无物，事实上已经成为他的思想体系中的一个黑洞。大致说来，海德格尔关于"决断"的思考有以下几个方面的要点。首先，他认为无所决断本身就意味着某种决断，因此无所决断必须被预先把握为决断本身，由此才产生了决断或者彻底拒绝决断。② 最根本的决断就是是否做出决断。③ 海德格尔正是据此认为，当时西方的虚无主义或者公众对政治、对价值的漠然态度实际上正逼迫着人们做出另一种决断。其次，决断什么、如何决断、依据什么决断，这些问题只能通过决断本身予以解决。"在决断中人决断什么？向着什么做出决断？只有决断能够回答这类问题。如果谁要是相信决断不过是把现存的、被揭示出来的可能性集中起来并抓住它们，那就是根本上对决断现象的误解……决断只有在决断中才能确认自

---

① 海德格尔：《〈明镜〉记者与马丁·海德格尔的谈话（1966年9月23日）》，《海德格尔文集·讲话与生平证词（1910—1976）》，第811页。
② Martin Heidegger, *Contributions to Philosophy (Of the Event)*, p. 345；并参见海德格尔：《海德格尔文集·哲学论稿（从本有而来）》，第517—518页。
③ Martin Heidegger, *Contributions to Philosophy (Of the Event)*, p. 80；并参见海德格尔：《海德格尔文集·哲学论稿（从本有而来）》，第124—125页。

身。只有在决断中,决断在生存意义上的不确定性才可得到确定。"① 另外,包括决断的时机与环境也是由决断所决定的。② 再次,任何决断都不可能具有确定的基础。"任何决断都基于某种不可能被掌握的、被遮蔽的、迷乱的东西;否则它就不是决断。"③ 最后,决断就是自由。"为什么必须做出决断?什么是决断?决断就是自由得以施行的必需的形式。"④ 就此而言,海德格尔是把决断理解为一种与过往的彻底断裂,这也是他通常把决断这个词分开来写(Ents-cheidung),强调其中切断的含义的原因。与海德格尔一起高呼决断的德国宪法学家施米特就明确指出,决断就是正常状态的终结,决断的基础就是"虚无"。⑤

施米特的观点与海德格尔相比要直接明了得多,但本质上他们并没有太大的区别。海德格尔对尼采的虚无主义进行过猛烈的批判,但他本人关于决断的理论同样表现出强烈的虚无主义的特点,而且在政治上既不负责任,也充满危险,他的个人经历已经充分证明了这一点。当然,如海德格尔所言,任何决断都包括了某种不确定性,否则决断也就不成其为决断。但人们还是应该也有可能把这种不确定性降到最低,尽可能做到"知至至之""知

---

① Martin Heidegger, *Being and Time*, pp. 285-286;并参见海德格尔:《海德格尔文集·存在与时间》,第408—409页。
② Martin Heidegger, *Being and Time*, pp. 286-287;并参见海德格尔:《海德格尔文集·存在与时间》,第410页。
③ Martin Heidegger, "The Origin of the Work of Art," in Julian Yaung and Kenneth Haynes, trans. and eds., *Off the Beaten Track*, Cambridge: Cambridge University Press, 2002, p. 31;并参见海德格尔:《艺术作品的本源》,《海德格尔文集·林中路》,第45页。
④ Martin Heidegger, *Contributions to Philosophy (Of the Event)*, p. 81;并参见海德格尔:《海德格尔文集·哲学论稿(从本有而来)》,第126页。
⑤ 吕迪格尔·萨弗兰斯基:《来自德国的大师——海德格尔和他的时代》,第225页。

终终之",从而"可与言几""可与存义"①,即"处事之至而不犯咎""处终而能全其终"②,探赜知几,慎思明断。在这个问题上,《周易》所代表的中国传统思想可以为人们提供很多启发,因为其中的六十四卦、三百八十六爻,每一卦每一爻都是决断的实例。

---

① 《周易·乾·文言》。
② 王弼注、孔颖达疏:《周易正义》,李学勤主编:《十三经注疏·周易正义》,北京:北京大学出版社1999年版,第15页。

结束语
对西方理性主义的超越

以柏拉图和亚里士多德为代表的古代希腊思想家在对普遍性、永恒性和确定性即对事物本质的追求中，确立了思想的基本规范和知识的一般性标准，亦即开启了逻各斯中心主义的传统，从而奠定了西方理性主义的基础。当然，柏拉图也罢，亚里士多德也罢，都未能实现本质主义和逻各斯中心主义对希腊思想的绝对统治。当时，宗教在人们的思想和生活中仍然发挥着不可忽视的作用，甚至雅典人加诸苏格拉底的罪名之一也是宗教性的，即他"引进了新神"。另外，"苏格拉底的政治哲学并非古典政治理性主义的唯一表现形式，修昔底德的政治理性主义、历史学家的政治理性主义就是它最大的竞争者，虽然是友好的竞争者"①。

但同时，柏拉图，特别是亚里士多德的思想也具有多面性。在体现出本质主义和逻各斯中心主义特点的同时，它们还是对世界的复杂性，特别是事物的个体性、可变性和可能性，保持了一定程度的开放。也正因此，19世纪以后一些对西方理性主义传统，特别是对本质主义和逻各斯中心主义持批判态度的思想家，从尼采开始，包括海德格尔、施特劳斯、阿伦特等，都不同程度地从古代希腊思想中寻找可能的思想资源，虽然他们强调的重点、心仪的思想家各不相同。比如施特劳斯就试图通过重新发

---

① Thomas E. Pangle, "Editor's Introduction," in Leo Strauss, *The Rebirth of Classical Political Rationalism: An Introduction to the Thought of Leo Strauss*, p. xxxi.

掘柏拉图的政治哲学，重建西方的理性主义。在施特劳斯看来，这种理性主义"并不是建立在一种观念论或者本质主义的认识论基础之上。而且在他看来，它也并不必然支持某种特定的道德、政治或者其他任何形式的生活方式。它所抓住的是人类处境的基本特征，以及人类在世间的存在形式"①。

本质主义和逻各斯中心主义在西方获得压倒性的影响，与希腊化时期的新柏拉图主义有关，也与基督教思想的普遍传播有关。作为宗教，基督教虽然具有与理性主义相对立的一面，但作为一种启示宗教，它又在使理性服务于自身的同时，在人们的精神生活中保留了理性的地位，并对其进行了改造，特别是强化了这种理性主义中追求普遍性、永恒性和确定性的特点，即其中本质主义的一面。关于罗马文化和基督教对古希腊思想的影响，海德格尔讲过很多。总之，在他看来，经过罗马文化和基督教的改造和定型，真正的希腊特征被消除了，"直到我们今天，它只还以罗马的外观显现出来"②。

到近代，通过笛卡尔等人的工作，理性主义得到了全面的系统化，成为西方人精神生活中的统治力量，并且随着西方势力的扩张影响到全世界。在理性主义的规范和指引下，科学技术不断获得重大的突破和发展，人类的物质和精神生活得到了全面改善，现代文明获得了重大进步。在政治上，霍布斯和洛克等人秉

---

① John G. Gunnell, "Strauss before Straussianism: Reason, Revelation, and Nature," in Kenneth L. Deutsch and Walter Nicgorski, eds., *Leo Strauss: Political Philosopher and Jewish Thinker*, Maryland: Rowman & Littlefield Publishers, Inc., 1993, p. 126.
② Martin Heidegger, "Anaximander's Saying," in Julian Young and Kenneth Haynes, trans. and eds., *Off the Beaten Track*, Cambridge: Cambridge University Press, 2002, p. 280; 并参见海德格尔：《阿那克西曼德之箴言》，《海德格尔文集·林中路》，第 424 页。

承理性主义的方法，为近现代政治思想和政治制度的建立奠定了基础。理性主义的政治思想推动了西方人对人的自由、平等等基本权利的意识，而理性主义的政治制度和政治实践则为这些基本权利的实现提供了重要的保障。

但是，西方理性主义在高歌猛进、推动人类文明全面进步的同时，也开始暴露出自身的问题，并且一步一步陷入困境。在人类一般知识方面，虽然理性主义带来了科学技术的全面进步，以及在征服和改造包括人类自身在内的自然方面的巨大成就，但人们却发现理性主义实际上满足不了它自己提出的确定性的要求，因而不断地遭到怀疑论和不可知论的攻击。在道德和价值领域，人们也逐渐意识到，虽然理性主义和精神生活的世俗化即理性化极大地推动了人们思想的自由，产生了丰硕的精神文化成果，但是由于宗教影响的不断减弱，西方人正越来越深刻地面临着文化与信仰的危机，也就是说理性主义在道德和价值问题上似乎远不像它自己所宣称的那样强大有力，相对主义和虚无主义开始侵蚀人们的精神生活。在政治上，人类的自由平等公平固然因理性主义的政治理念和政治制度而获得了前所未有的进步，但建立在现代理性主义基础上的政治自由主义所提供的政治制度，特别是在处理人与人之间平等与差异的关系方面也开始暴露出各种各样的问题和矛盾。正是在这种情况下，一些思想家，特别是尼采和海德格尔，开始全面反思西方理性主义传统。与康德等人不同的是，他们不再希望修补和完善这个传统，而是主张对其加以全面的颠覆。

与西方理性主义相比，中国传统思想体现出典型的反本质主义的特点，因而对事物的个体性、可变性和可能性表现出更大的宽容度，而且在事实上也总结出一整套与个体的、可变的和可能的事物打交道的方法和原则。中国传统思想之所以能够从变动中认识、理解和把握世界，一个根本的原因就是它找到了世间万物流转变化的动因，即阴阳、有无两种对立的因素或者力量的相互作用。因此，与西方理性主义对矛盾的排斥不同，中国传统思想把矛盾视为一切事物存在和变化的根源。

西方理性主义之所以排斥矛盾，是因为它不能接受一个事物、一个命题中存在否定的因素——这种因素的存在会干扰对事物本质的界定，而从根本上说，是因为这种思想传统对否定即"不存在"或者说"无"的思想和概念的拒绝。巴门尼德有一段话对整个西方理性主义传统发挥了相当重要的影响："来吧，让我来告诉你，而你要谛听并传扬我的话，只有哪些探寻之路是可以思考的：一条路——（它）存在，（它）不可能不存在，这是皈依之路（因为它伴随着真理）；另一条路——（它）非存在，（它）需要非存在。我向你指出，这是完全不可认知的一条路，因为你无法认识非存在（这是不可行的），也不能指出非存在。……因为能被思考和能存在的是在那里的同一事物。"[①] 这就是说，巴门尼德认为，既不存在"不存在"即无，也不能思维"不存在"，因为思维与存在具有同一性。巴门尼德的这一原则使得后来的西方思想家哪怕在个体事物的问题上多多少少接受相反性质的存在，但在本质论/存在论的意义上始终对不存在/无采取了一种根本否定的态度。

当然，如果一个命题简单地宣称"存在着'不存在'"，或

[①] 巴门尼德：《巴门尼德著作残篇》，李静滢译，桂林：广西师范大学出版社2011年版，第73—74页。

者"'无'存在",那么这个命题的确没有意义,特别是如果把"无"理解为对"有"的彻底否定的话。这倒不仅是因为这类命题违背了逻辑规则,更重要的是它们同时也违背了基本的知性原则。我们对于"无"或者"不存在"不可能有任何的了解,也无法做出任何判定。中国传统思想之所以能够避免这种无意义的思考,根本原因是它从来就没有把"无"从本体论的意义上理解为彻底的空无,而是将其理解为人类的未知之物,甚至是宇宙的整全,是万物的根源,因此"无"就变成了"大有"。老子说:"道可道,非常道;名可名,非常名。无名天地之始,有名万物之母。"① 对这句话传统上一直存在两种不同的断句法以及由之而来的两种不同的解释。一种认为"无名之物"是万物的起源,另一种认为"无"被用来命名万物的起源。但事实上这两种理解体现的不过是着眼点的不同,因为在中国传统思想中,"无"指的就是"无名之物",而非真的"空无一物"。

就是说,这个作为万物起源的"无名之物",远远超出人的理解和认识能力范围,更不可能用语言对其进行描述和表达。所以庄子说:"泰初有无,无有无名。"② 王弼讲得更清楚:"凡有皆始于无,故未形、无名之时,则为万物之始。及其有形、有名之时,则长之、育之、亭之、毒之,为其母也。"③ "未形"故而"无名","未形""无名"才是"无"的正解。严遵也认为:"至众之众不可数,而至大之大不可度;微妙穷理,非智之所能测;大成之至,非为之所能得。"④ 也就是说,"无"指的是至大无

---

① 《老子·第一章》。
② 《庄子·天地》。
③ 王弼:《道德真经注》,熊铁基、陈红星主编:《老子集成》第一卷,第208页。
④ 严遵:《道德真经指归》,同上书,第127页。

名、理智难测之物。明代焦竑认为:"天下之物生于有,所谓有名,万物之母是已;有生于无,所谓无名,天地之始是已。"① 这个解释统一了老子上面的这句话和另外一句话,即"天下万物生于有,有生于无"②。也就是说,"无"就是"无名",因为人对其既无从把握,也无从描摹,但作为万物的起源,它同时又是真正的大有。这样,中国传统思想避免了巴门尼德的逻辑陷阱,在存在论/本体论的意义上为"无"保留了一个极为重要的位置。

对"无"的承认使中国传统思想中的二元体系能够贯彻始终,既能够说明具体事物的发展变化,也能够解释宇宙万物的起源,同时对人类的未知世界保留一种开放的态度。在西方思想家中,海德格尔是少有的清楚意识到对无的排斥是西方理性主义的一个根本缺陷的人,并且他认为,对"无"的拒绝恰恰是虚无主义的根源。海德格尔明确指出:"在追问存在/是的过程中,明确地迫近到无的边界处,并把无置入关于存在/是的问题,这才是真正克服虚无主义的第一步,也是唯一有效的步骤。"③ 海德格尔其实也已经感觉到,一种更可取的对"无"这个概念的处理,是不再把"无"视为完全的虚无,而是将其视为对事物的相对无知。用他的话来说,就是要意识到存在/有中包含了拒绝/无,即"存在/是的本质内在地包含有拒绝"④。在海德格尔写于20世纪

---

① 焦竑:《老子翼》,熊铁基、陈红星主编:《老子集成》第六卷,北京:宗教文化出版社2011年版,第654页。
② 《老子·第四十章》。
③ Martin Heidegger, *Introduction to Metaphysics*, pp. 217-218;并参见海德格尔:《海德格尔文集·形而上学导论》,第243页。在西方语言中,being 除了存在、是之外,还有"有"的含义。
④ Martin Heidegger, *Contributions to Philosophy (Of the Event)*, p. 138;并参见海德格尔:《海德格尔文集·哲学论稿(从本有而来)》,第205页。

结束语 对西方理性主义的超越

30年代的《哲学论稿》一书中,"拒绝"(Versagung)是一个多次出现的词,指存在/是/有对人的拒绝,且几乎与"无"同义,意思是人们在把握到事物某些方面的时候,又不可避免地忽略了事物的另外一些方面;或者说事物在向人显现出其某些方面的同时,又不可避免地隐藏了另外一些方面(当然,这已经是对海德格尔语言的"再翻译")。另外,海德格尔也意识到,很难绝对地把有与无彻底区分开来。在《形而上学导论》一书中,他追问道:"那些与存在/是相对而又为其划界的东西,即变易、类似、思想、应当,它们并不仅仅是臆想出来的东西。……变易是无吗?类似是无吗?思想是无吗?应当是无吗?绝对不是!"①

海德格尔因此认为,所谓的非理性主义和虚无主义是理性毫无节制地笼罩一切的结果。"理性根本不是一位合格的法官。它不假思考地把一切与它合不来的东西都推入由它自己划定的、所谓的非理性之物的泥潭。理智及其表象活动只不过是思想的一种方式,而且它绝不能决定自身。决定它们的,是那个以理性的方式呼唤思想去思考的东西。理性建立了自己的统治,使一切秩序合理化、标准化,并且在欧洲虚无主义的展开过程中耖平万物。这一切,以及与之相伴随的逃向非理性之物的企图,都值得我们深思。"②

可见,虽然海德格尔拒绝明确认可东西方思想交流汇通的可能,但他事实上离中国传统思想已经非常近了。当然,他对理性主义的激烈批判以及由此走向对艺术和诗歌的选择体现出一种物

---

① Martin Heidegger, *Introduction to Metaphysics*, p. 218;并参见海德格尔:《海德格尔文集·形而上学导论》,第244页。
② Martin Heidegger, "On the Question of Being," in *Pathmarks*, p. 293;并参见海德格尔:《面向存在问题》,《海德格尔文集·路标》,第461—462页。

极必反的特点。实际上，中国传统思想在表现出对个体性、可变性和可能性的高度包容的同时，由于对普遍性、永恒性和确定性的忽略也导致了诸多消极的结果。因此，在更高的层次上，探讨一种能够融合这两种思想传统的思想方式，就成为一项迫切而非常有价值的工作。另外，虽然中国与西方表现出非常不同的思想路线，但这并不意味着这两种思想传统属于两个完全不同的范畴。实际上，任何一种思想传统都具有整体性，问题只在于它在自身的发展过程中突出了某些因素，同时又忽视了另一些因素（思想意义上的"有"与"无"）。西方思想并没有完全排斥多样性、特殊性和可变性，中国思想也能够兼容普遍性、永恒性和确定性。如果两种思想传统格格不入，那么交流汇通自然也就无从谈起。

后　记

　　海德格尔曾在不同的场合表示，也许西方思想通过与东亚思想的碰撞，能够产生一种使其摆脱自身精神危机的可能性。那么西方面临的是什么样的精神危机，他从东亚思想中又把捉到了一种什么样的可能？

　　这本小书是一种尝试，也是作者近年来思考的部分成果，希望从中国传统思想的视角，对西方理性主义及其影响下的政治学的基本特质进行一些历史性的分析与评价。当然在这个过程中，不可避免地也会从西方思想的立场反观中国的思想传统。因此，本书尽量使用了当代中国人和西方人都能够理解的概念和语言。也可以说，这本书意味着作者在中西思想汇通方面迈出了尝试性的步伐。

　　虽然西方思想的源头希腊文明的确表现出一定程度的多元特征，所以像尼采、海德格尔、施特劳斯等都试图从中寻找一种不同的文化基因，但总体上来说，还是可以认为理性主义构成了希腊思想的基本特征，尽管希腊人自己并没有发明这个概念。作为一种思想传统，理性主义具有两个基本要素。从思想目标来看，它追求的是人与事中普遍的、永恒的和确定的因素，亦即事物的本质与规律；从思想方法来看，它推崇的是逻辑的方法，而逻辑的方法实际上也就是普遍性、永恒性和确定性对思想的要求。希腊人正是以此规定了认识的基本任务与基本形式，并建立了包括政治学在内的各门科学。

希腊思想中的理性主义被罗马人继承并改造。我们现在所使用的"理性"一词就源于拉丁文。总体上说，罗马人进一步发挥了希腊思想中对普遍性、永恒性和确定性的追求。这一点在罗马的政治思想中体现为自然法、普遍平等与共和主义观念三位一体的关系。进入中世纪之后，虽然科学的发展无从谈起，哲学也成为"宗教的婢女"，但普遍性、永恒性和确定性仍然作为上帝的基本属性而得到进一步的强化。尼采认为，基督教是大众化的柏拉图主义，这个判断是极其深刻的。

从文艺复兴开始，西方思想与学术突破基督教神学的束缚之后获得了日新月异的发展，理性主义也随之正式确立了它在西方思想中的统治地位，并且凭借笛卡尔"我思故我在"的原理，为自身奠定了真理性的基础。当然，严格地讲，理性主义之所以所向披靡、统治西方，并通过西方文化的传播几乎统治整个世界，真正发挥作用的并非笛卡尔的原理，而是现代科学技术所创造的巨大的物质和精神财富。现代科学技术之所以取得如此惊人的成功，就是因为根据理性主义的要求而创造的具有普遍性、永恒性和确定性的知识，既非常有利于其自身的传播、积累与再生产，也非常有利于标准化的技术运用和推广。知识的迅猛扩张，是物质财富和精神财富急速增长的根本前提。

理性主义对普遍性、永恒性和确定性的追求当然不仅仅体现于有关物的认识，也体现于有关人的认识。人被理解为普遍同质的、具有不变本性的、可以明确加以把握和描述的对象或者说客体。这种对人的认识不仅规定了人在宇宙中的位置、人与人之间的关系，也奠定了一套关于人的价值体系的基础。这就意味着，理性主义内在地包含一些基本的政治原则，它们必然导向对人的自然欲望的认可，导向平等自由的观念，导向民主的政治形式。

从马基雅维利开始的政治科学恭顺地回应了理性主义的要求，并完成了两个基本任务：论证理性主义基础上的政治价值，构建体现和保障这些价值的政治制度。可想而知，被柏拉图和亚里士多德视为政治思考的一个重要组成部分，甚至在马基雅维利那里也占有一席之地的关于政治中的个体性、可变性和可能性，以及政治能力、政治智慧和政治方法的探讨，在西方近现代政治学中逐渐销声匿迹了。它们往往被视为非理性的因素，并被转让给了保守主义的政治思想。取而代之的是研究者们对制度和规范问题的强烈兴趣。

毋庸置疑，平等、自由与民主这些政治价值更能体现人的解放和人的尊严，更能促进人类在思想和精神方面的发展，也更能促进物质生产的进步。因此，在西方，它们成为民众推翻封建等级制度和近代专制主义的强大精神武器。通过对西方社会的观察，严复看到了自由、民主与富强之间的关系，以及西方在当时先进于中国的原因："是故富强者，不外利民之政也，而必自民之能自利始；能自利自能自由始；能自由自能自治始。"① 这种认识在很大程度上可以代表近代以来西方与非西方大多数人对政治形态与物质财富之间关系的基本看法。因此，随着西方的技术、思想和文化在全世界的传播，平等、自由、民主这些政治价值，以及体现和维护这些价值的政治制度，也被推向全球。

---

① 严复：《原强》，王栻主编：《严复集》第一册，北京：中华书局1986年版，第14页。

理性主义及其所奠基的政治价值与政治制度的确推动人类文明向前迈出了一大步。但是，被理性主义忽视甚至排斥的人与事的个体性、可变性和可能性因素同样是一些客观真实的存在。因此，一种仅仅着眼于普遍性、永恒性和确定性的价值体系、科学理论与社会政治安排，或早或晚会与现实产生难以调和的矛盾和冲突。西方社会当前出现的各种问题，包括价值方面的虚无主义，文化方面的极端保守主义，以及政治上的民粹主义、激进民族主义、认同政治等，无一不是个体性、可变性和可能性因素的不同形式的体现。面对这些问题和挑战，西方现有的价值体系和社会政治安排明显应对乏力，甚至时而使人们产生一种危机感。

海德格尔认为，西方危机的根源是对"存在"的遗忘。在他看来，西方思想的历史，即形而上学的历史，是一部仅仅关注"存在者"之"存在"，而忽略了"存在"本身的历史。换作通常的表达方式就是说，西方思想一直致力于探究物的本质，而在此过程中，对本质的"本质"却没有加以思考。海德格尔的这个判断当然具有极端性，因为他已经把西方传统思想理解的本质，即事物当中那些普遍的、永恒的、确定的因素，视为"非本质"。与这种"非本质"的思想相反，在《存在与时间》等一系列著作中，海德格尔以不同的方式，强调物之存在的时间性、具体性和可能性，认为只有在具体的时空环境中，在具体的事件中，才能体现物之本质，即物之真理和物之所是。恰恰因为具有这样一种关切，海德格尔直觉地转向了东亚思想，虽然他对后者并没有系统的把握，而只是对中国的道家思想和日本的禅宗有一定的了解。

其实，包括中国思想在内的东亚思想并非西方思想的正反面，因为对普遍性、永恒性和确定性的追求，是任何一种思想的基本属性。在中国传统思想中，这种追求体现为人们对作为世间万物最高规律的"道"的尊崇。正因此，孔子才会说"朝闻道，夕死可矣"①，董仲舒也才断言"天不变，道亦不变"②。司马迁在《报任安书》中讲述自己的志向："欲以究天人之际，通古今之变，成一家之言。"③虽是"一家之言"，但意之所指，也是希望揭示天人之际、古今之变中普遍的、永恒的、确定的规律。

但是对这些规律，中国传统思想表现出一种与西方理性主义不同的态度。古人讲"易有三义"，即简易、变易和不易。不易之道本身就变动不居。《周易》中说：易"范围天地之化而不过，曲成万物而不遗，通乎昼夜之道而知，故神无方而《易》无体"④。关键是最后的"神无方而《易》无体"。按照《周易》的说法，"阴阳不测之谓神"⑤。正如人们看不清神来去的方向一样，易也是"唯变所适，不可以一方、一体明"⑥。因此，中国传统思想虽然承认存在着普遍的、永恒的、不变的规律，但又认为对这些规律的体认和把握只能在特定的时空之中进行。人只有在具体环境下做出"与天地合其德，与日月合其明，与四时合其序，与鬼神合其吉凶，先天而天弗违，后天而奉天时"⑦的决断，才算是拥有真正的智慧。这样一种倾向使中国传统思想甚至

---

① 《论语·里仁》。
② 班固撰、颜师古注：《汉书》，北京：中华书局1999年版，第1915页。
③ 同上书，第2068页。
④ 《周易·系辞上》。
⑤ 同上。
⑥ 王弼注、孔颖达疏：《周易正义》，北京：北京大学出版社1999年版，第268页。
⑦ 《周易·乾·文言》。

对规律本身也持一种"道可道，非常道；名可名，非常名"的态度，即在原则上认可它们存在，但在思想上却选择对其"存而不论"。正因此，中国传统思想基本上就不可能产生类似西方理性主义那样一种对事物"本质"的执着。总之，两者相较，中国传统思想更注重体认人与事的个体性、可变性和可能性，更注重具体的知识，更注重人对时机的把握，强调审时度势、慎思明断的能力。这些因素倒是非常符合海德格尔所理解的"存在"的特征。

从中国传统思想的角度看待西方理性主义，与从西方理性主义的角度看待中国传统思想，两者的优势与缺陷似乎是一目了然的。但是，如何结合两者的优点并超越它们的局限，却是一个需要在未来相当长的时间里逐步探索的问题。是否可以把两者结合起来，形成一种更高的综合，如同海德格尔所说的让东方思想包含西方思想，又让西方思想包含东方思想，并"达到一种东—西方思想的展开"[①]？或者中西两种思想就如同中国传统思想中的儒道两家，虽然很多人试图"儒道合一"，但总是无法成功，只能让它们在具体的实践中相互参照、相互补充？但无论如何，深刻理解这两种思想传统的同与异，至少能够让人们在认识事物的时候增加一些思考的维度，在解决问题的时候增加一些可供选择的方案。

具体到政治，无非是自由与秩序、平等与差异、一般与特殊、稳定与变化之间的平衡，偏向任何一方，都会导致政治实践中的不公，甚至政治的失序。把中国传统的乃至当前的政治制度和政

---

① 参见海德格尔：《相互映射的镜像：1958年5月19日久松真一与马丁·海德格尔的对话》，《海德格尔文集·讲话与生平证词（1910—1976）》，第930页。

治实践与西方相比,我们会得到一些很有意思的发现,这种比较也会为人们提示一些解决问题和完善自身的思路。因此,对于中西双方来说,不是用自己的长处来攻击对方的不足,而是从对方的优势中看到自身的缺陷,这才是一种在文化上可取的态度。也有可能,通过向对方学习和对自身的超越,两者的新的"综合"会在实践中发生。

唐士其

2020年3月25日于燕园